RABENKRÄHE

Was sind Rabenkrähen?
Rabenkrähen sind mittelgroße Rabenvögel und in West- und Südwesteuropa das ganze Jahr über zu finden. Sie sind vollständig schwarz, vom Kopf bis zu den Füßen, und ihre Federn schimmern metallisch schwarzblau. Sie haben einen kräftigen geraden Schnabel, der ebenfalls schwarz ist.

Wo leben Rabenkrähen, und was fressen sie?
Rabenkrähen leben in lichten Wäldern und auf Feldlandschaften, aber auch in Stadtparks und Dörfern. Ihre Nester bauen sie in hohen Bäumen. Sie sind sehr gesellig, leben in großen Kolonien, und ihr Gekrächze ist weit zu hören. Ein Krähenpaar bleibt sein ganzes Leben lang zusammen und zieht gemeinsam seine Jungen auf. Rabenkrähen sind Allesfresser: Sie futtern Insekten, Samen und Früchte, aber auch Aas, Schnecken und Regenwürmer.

Welche Superkräfte besitzt eine Rabenkrähe?
Rabenkrähen sind superschlau und können sogar selbst Werkzeuge bauen und benutzen, um an leckeres Futter zu gelangen. Sie verbünden sich mit anderen Tieren wie zum Beispiel Wölfen, um sich beschützen zu lassen. Sie können Stimmen und Geräusche nachahmen und haben sogar eine eigene wortreiche Krähensprache, in der sie sich unterhalten und einander vor Gefahren warnen.

SCHLAUBERGERVORTRAG VON HERRN GÜNTER

Die kleine Schnecke auf den Seiten zeigt an, wann man beim Vorlesen sehr gut eine Pause machen kann.

1. Auflage 2024
Originalausgabe

Mit freundlicher Unterstützung von Brotmann & Töchter GmbH
und Universal Music Family Entertainment
Einband und Illustrationen: Barbara Fisinger
Fachberatung: Dipl.-Biol. Ralf Rasch
Satz: Simone Horlacher/HarperCollins
Druck und Bindung: PnB Print
Printed in Latvia · ISBN 978-3-505-15277-1

www.schneiderbuch.de
Facebook: facebook.de/schneiderbuch
Instagram: @schneiderbuchverlag

Druckprodukt mit finanziellem
Klimabeitrag
ClimatePartner.com/15109-2009-1001

FSC
www.fsc.org
MIX
Papier | Fördert gute Waldnutzung
FSC® C084698

KATI NAUMANN

Die kleine Schnecke MONIKA HÄUSCHEN

WER KNACKT DEN REKORD?

4 Sachgeschichten zum Staunen und Lachen

Mit Illustrationen von
Barbara Fisinger

SCHNEIDERBUCH

1.

Monika ist die Allerbeste

Welches Tier knackt welche Rekorde?

Über dem Garten ging die Sonne auf. Sie trocknete die glitzernden Tautröpfchen auf der Wiese und wärmte ein braungelb gebändertes Schneckenhäuschen unter der Brombeerhecke. Nach einer Weile wackelte das Häuschen, und die kleine Schnecke Monika kroch heraus. Verwundert rieb sie sich mit den Fühlern die Augen. Denn direkt vor ihr wartete der Regenwurm Schorsch. Aber irgendetwas stimmte nicht mit ihm. Er stand nämlich auf dem Kopf.

»Oje«, rief Monika erschrocken. »Ist dir ein Missgeschick passiert?«

»Quark mit Quatschsoße«, sagte Schorsch. »Ich mache Frühsport!«

Monika legte den Kopf schief, damit sie ihren besten Freund richtig herum sah. Er verrenkte sich eifrig und rief dabei: »Hoch das Bein und mitgemacht, weil die liebe Sonne lacht!«

Aus dem Gemüsebeet ertönte die Stimme des gelehrten Graugänserichs Günter: »Ein Regenwurm hat kein Bein!«

Schorsch ließ sich ins Gras plumpsen. »Na und?«, rief er. »Ihr Bauch könnte auch ein bisschen Frühsport gebrauchen!«

Herr Günter guckte an seinem stattlichen Körper herunter und schüttelte den Kopf. »Mein Bauch braucht vor allem Salatblätter. Zeit fürs Picknick!«

Jeden Morgen trafen sich die drei Freunde zum Frühstück im Gemüsebeet. Von der Brombeerhecke bis dorthin war es ein ziemlich weiter Weg für die kleine Schnecke und den Regenwurm. Damit ihnen unterwegs nicht langweilig wurde, wollte Schorsch heute ein fröhliches Wettkriechen veranstalten.

»Auf die Plätze, fertig, los!«, schmetterte er heraus. Eilig streckte er sich in die Länge und zog sich wieder zusammen. Dabei stemmten sich seine winzigen Borsten in die Erde.

»Warte auf mich!«, rief Monika und kroch hinterher. Sie strengte sich sehr an und sabberte Schneckenschleim auf den Weg, um besser voranzukommen.

Schnecken sind so langsam, weil sie sich erst eine Straße aus Schleim bauen müssen. Der Schleim macht den Weg glatt, und sie können darauf vorwärtsgleiten.

Währenddessen trampelte der hungrige Herr Günter ungeduldig von einer Gänseflosse auf die andere. »Bitte beeilt euch«, drängte er. »Schnell, schnell!«

»Ich bin eine Schnecke!«, sagte Monika keuchend. »Bei mir geht gar nichts schnell.«

Als sie endlich das Gemüsebeet erreichte, stand die Sonne schon über dem Kirschbaum. Herr Günter war beim dritten Nachtisch angelangt. Und Schorsch hatte sein erstes Salatblatt verputzt.

»Wir konnten leider nicht auf dich warten«, erklärte Herr Günter. »Ich wäre sonst verhungert.«

»Das verstehe ich.« Monika schnaufte. Sie musste sich erst einmal mit einem welken Blättchen stärken.

Schorsch hatte noch bessere Laune als zuvor. »Ich hab das Wettkriechen gewonnen. Und du hast verloren, Monika.«

»Immer bin ich die Letzte.« Enttäuscht ließ die kleine Schnecke ihre Fühler hängen.

Herr Günter versuchte, sie zu trösten. »Vielleicht ist Wettkriechen einfach nur nicht die passende Sportart für dich?«

»Meinen Sie?« Monika guckte sich voller Hoffnung im Garten um. Sie entdeckte viele Tiere mit besonderen sportlichen Fähigkeiten. Am besten gefiel ihr die Libelle LaBelle, die mit ihren durchsichtigen Flügeln sogar rückwärts schweben konnte. Und der Zitronenfalter Zipfel tanzte wie eine Ballerina über die Wiese und drehte in der Luft eine Pirouette.

Welche Tiere sind an Land und in der Luft am schnellsten?

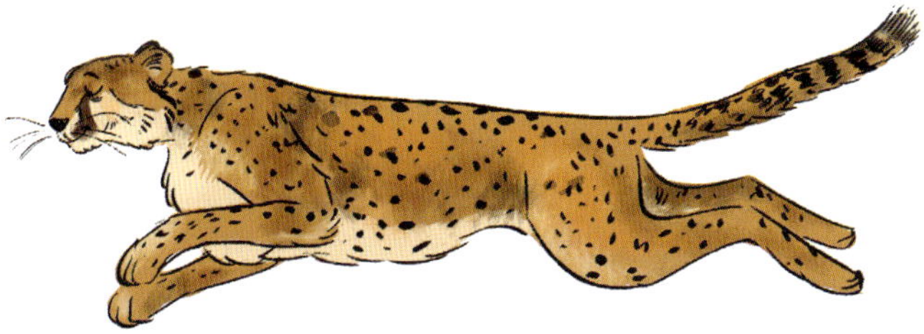

Ein Gepard schafft 120 Kilometer pro Stunde auf kurzen Strecken.

Ein Gabelbock 88 Kilometer pro Stunde

Ein Wanderfalke legt im Sturzflug über 300 Kilometer pro Stunde zurück.

Ein Strauß 70 Kilometer pro Stunde

Eine Libelle kann 50 Kilometer pro Stunde fliegen.

»Was denkt ihr?«, fragte Monika. »Welche Sportart passt besser zu mir?«

Herr Günter sagte: »Auf jeden Fall nichts, wobei man fliegen muss.«

»Schade.« Monika war ein bisschen enttäuscht. Aber zum Glück gab es ja sehr viele Sportarten, bei denen man nicht fliegen musste. Sie beobachtete eine Ameise, die einen großen Zuckerkrümel auf ihren Rücken stemmte, während eine Schnake etwas weiter entfernt mit federnden Beinen über die Grashalme balancierte.

»Irgendeine Sportart wird ganz bestimmt die richtige für dich sein«, tröstete jetzt auch Schorsch sie.

»Genau!« Monika lächelte. »Ich probiere einfach alles aus!«

»Wie wäre es mit einer Olympiade?«, schlug Herr Günter vor. »Wir messen uns mit anderen Tieren in vielen verschiedenen Sportarten. Dabei finden wir heraus, wer am schnellsten schwimmt oder am höchsten springt. Und worin Monika am besten ist.«

Das gefiel der kleinen Schnecke ausgesprochen gut, und auch Schorsch war begeistert.

»Juchhu!« Er zappelte aufgeregt herum. »Wir machen einen Sportwettkampf! Das wird bestimmt lustig!«

Natürlich hoffte er insgeheim, dass er wieder gewinnen würde.

Herr Günter schlug vor, den Wettkampf am Gänseteich zu veranstalten. Dort würden sie alles finden, was sie für die verschiedenen Sportarten brauchten: Es gab Wasser für ein Wettschwimmen, weichen Sand für den Hochsprung und Kieselsteine für das Gewichtheben. Und das Beste war: Am Teich wohnten unzählige andere Tiere, mit denen sie ihre Kräfte messen konnten.

»Auf zum Gänseteich!«, rief Monika.

Kurz darauf bereiteten die drei Freunde am Gänseteich alles für eine spannende Olympiade vor.

Schorsch harkte mit einem Tannenzweig die Sandfläche am Ufer für die Hochspringer glatt. Monika klebte mit Schneckenschleim unterschiedlich schwere Kieselsteine an kleine Zweige. Das sollten die Hanteln für die Gewichtheber sein. Und Herr Günter drehte sich auf der Wiese am Ufer mehrmals um sich selbst, rupfte dabei Gras ab und fraß es auf.

Ein Teichfrosch beobachtete ihn und fragte neugierig: »Was machen Sie denn da?«

»Das wird eine Arena«, sagte der Gänserich und erklärte: »Das ist ein besonders großer Sportplatz.«

Zufrieden betrachtete er den kahlen Kreis, der rund um ihn entstanden war.

Monika erklärte: »Hier sollen nämlich gleich richtig spannende Sportwettkämpfe stattfinden!«

»Aha!« Der Frosch war sehr beeindruckt. »Wer darf denn da mitmachen?«

»Natürlich ich«, teilte Herr Günter mit.

Monika fügte hinzu: »Und alle, die Lust haben.«

»Ich hab übrigens große Lust«, stellte Schorsch fest.

»Prima«, sagte der Frosch. Er blies seine Schallblase auf und quakte lautstark über den Teich: »Höher, schneller, weiter! Wer ist der Beste am Gänseteich? Wer will gewinnen? Der kann sich ab sofort bei mir für die Wettkämpfe anmelden!«

Schnell bildete sich vor ihm eine lange Schlange. Starke Laufkäfer drängten sich hinter Grashüpfern mit muskelbepackten Beinen, ungeduldigen Ameisen und einem riesigen Nashornkäfer.

»Jetzt brauchen wir nur noch Publikum«, sagte Herr Günter zufrieden.

Schorsch guckte sich um und entdeckte einen Feuerkäfer. Der hatte unter einem Blatt geschlafen und war von dem Spektakel geweckt worden. »He, du!«, rief der Regenwurm. »Möchtest du sehen, wie ich gewinne?«

Der Feuerkäfer betrachtete die Muskelprotze in der Warteschlange und verglich sie mit Schorsch. »Gegen die wirst du gewinnen?« Er staunte. »Das darf ich nicht verpassen! Ich muss das gleich meiner Mama erzählen. Und meinem Papa natürlich. Meine Geschwister wollen ganz sicher auch dabei sein. Und natürlich meine Kinder. Und die Oma und der Opa.« Der Feuerkäfer schien eine sehr große Familie zu haben. »Die Cousins und Cousinen bringe ich natürlich auch mit. Und meine vielen Käferfreunde möchten bestimmt auch zugucken! Und die Schwebfliegen und Hummeln, die Zikaden, die Schmetterlinge …« Der Feuerkäfer rannte im Zickzack los und verschwand zwischen hohen Grashalmen.

Als die Vorbereitungen für die Wettkämpfe abgeschlossen waren, saßen auf der Grashalmtribüne schon unzählige Käfer, Bienen, Hummeln, Falter und Ameisen. Sie hatten sich süße Samenkörner zum Knabbern und Blüten mit Nektar zum Schlürfen mitgebracht. Aufgeregt schwatzten alle durcheinander und reckten die Köpfe. Von hier aus hatten sie die beste Aussicht auf die Sandfläche am Ufer und den See.

»Wann geht es denn endlich los?«, fragte die Schwebfliege Jaqueline ungeduldig.

»Gleich, gleich«, versprach Schorsch. »Ich brauche bloß noch ein Paddel.« Er suchte nach einem passenden Blatt mit langem Stiel.

Bevor der Wettkampf offiziell beginnen konnte, musste Monika außerdem noch etwas sehr Wichtiges verkünden. Sie kroch in die Mitte der Arena und sagte schüchtern: »Achtung, das ist ein Sicherheitshinweis.«

Aber niemand hörte ihr zu. Die Feuerkäferkinder bewarfen sich mit süßen Körnern und wippten auf den Grashalmen. Und die Ameisen schimpften, weil ihnen davon schwindelig wurde.

Deshalb pflückte Herr Günter ein großes Rhabarberblatt und formte daraus eine Flüstertüte. Die hielt er sich vor den Schnabel und schrie hinein: »Ruhäääää!«

Endlich wurde es auf der Tribüne still, und alle guckten erwartungsvoll in Richtung Arena. Monika wurde ganz rot vor Verlegenheit, sie wisperte: »Hier kommt ein Sicherheitshinweis …«

»Lauter!«, beschwerten sich die Feuerkäfer. »Wir verstehen nichts!«

Monika hatte vor Aufregung Schneckenschleim im

Hals und musste sich ein paarmal räuspern. Dann rief sie »Achtung!« in die Flüstertüte. »Hier kommt ein Sicherheitshinweis. Kein Sportler darf seinen Gegner aufessen. Das wäre nämlich sehr gefährlich.«

»Und außerdem wäre das geschummelt!«, sagte Schorsch.

Die meisten Insekten jubelten und klatschten. Ein paar gefräßige Laufkäfer maulten zwar herum, aber am Ende waren alle Teilnehmer und Zuschauer mit dieser wichtigen Regel einverstanden. Solange die Wettkämpfe andauerten, sollte sich niemand fürchten müssen.

»Fangt ihr jetzt endlich an?«, rief der Zitronenfalter Zipfel ungeduldig.

»Ja, jetzt geht es los«, bestätigte der Gänserich feierlich. Dann erklärte er: »Und zuerst kommt das Wettschwimmen.«

Sofort schlossen die Ameisen Wetten ab, wer der Sieger sein würde. »Ich denke, Herr Günter!«, glaubte die eine. Aber eine andere widersprach: »Wohl eher Monika und Schorsch mit ihrem Rindenboot!« Doch die dritte Ameise wusste es besser: »Ihr liegt falsch. Natürlich wird Otto gewinnen!«

Schnell waren sich alle auf der Tribüne einig. »Ganz klar! Otto gewinnt!«

Herr Günter watete ins Wasser und paddelte für die Zuschauer eine Ehrenrunde. Dabei reckte er stolz den Schnabel in die Höhe wie ein zukünftiger Sieger. Denn er konnte es kaum erwarten, zu gewinnen. Insgeheim aber grübelte er, wer dieser geheimnisvolle Otto war. Hatte der wirklich eine Chance gegen ihn?

Wer schwimmt am schnellsten?

Eselspinguin:
36 Kilometer pro Stunde

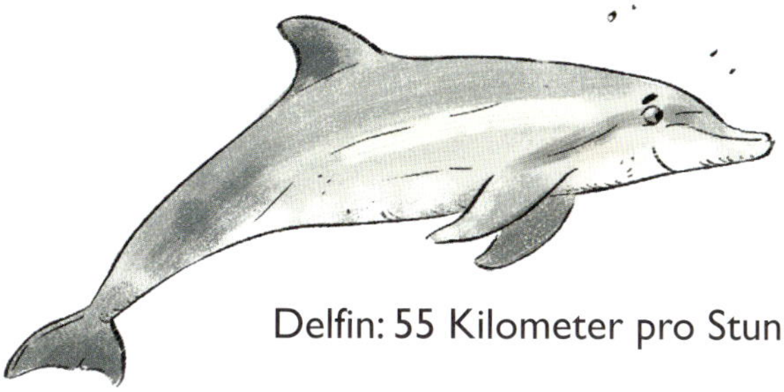

Delfin: 55 Kilometer pro Stunde

Schwarzer Marlin:
über 120 Kilometer pro Stunde

Segelfisch:
110 Kilometer pro Stunde

Fischotter: 14 Kilometer pro Stunde

Nun wurde das kleine Rindenboot, auf dem Monika und Schorsch saßen, von zwei starken Laufkäfern ins Wasser geschoben. Dass die beiden nicht schwimmen konnten, hielt sie nicht davon ab, bei diesem Wettkampf mitzumachen. Womöglich war Paddeln genau die Sportart, die zu einer kleinen Schnecke passte?

Monika kroch auf dem Rindenboot herum, verteilte überall ihren Schneckenschleim und wollte von Schorsch wissen: »Wie paddelt man eigentlich?«

»Ist doch klar wie Tümpelbrühe«, antwortete er und zeigte es ihr. »Du packst das Paddel mit deinem Regenwurmschwanzspitzenzipfelchen und schaufelst unser Boot im Wasser vorwärts.« Dabei wedelte er mit dem Blattpaddel wild in der Luft herum.

»Ich habe aber kein Regenwurmschwanzspitzenzipfelchen«, sagte Monika betrübt.

Deshalb musste Schorsch das Rindenboot allein zur Startseerose befördern. »Das ist ungerecht!«, maulte er und schnaufte.

Also war Paddeln wohl auch nicht die geeignete Sportart für eine Schnecke. Das kleine Boot wackelte und schaukelte. Monika klammerte sich mit ihrem Saugfuß ganz fest an die Rinde. Am liebsten wäre sie wieder ausgestiegen, aber es

war zu spät. Sie schwammen längst mitten auf dem Gänseteich. Um sie herum waren lauter Wasser und ein bisschen Entengrütze.

An der weißen Seerose, bei der der Wettkampf beginnen sollte, wartete schon Herr Günter auf sie. »Wo bleibt ihr denn?«, rief er ihnen zu. »Ich möchte endlich gewinnen!«

Neben ihm, auf einem Seerosenblatt, hockte der Teichfrosch. Er hielt eine knallgelbe Blüte in der Hand, mit der er das Signal für den Start geben wollte.

Ein winziger Taumelkäfer kreiselte durchs Wasser und drängte sich zwischen Gänserich und Rindenboot. »Ich mache auch mit«, erklärte er und setzte seine Taucherbrille auf.

»Sind alle startklar?«, quakte der Teichfrosch.

In diesem Moment bildete sich vor ihnen ein geheimnisvoller Strudel im Wasser, und Luftblasen blubberten herauf. Aufgeregt zeigten die Feuerkäfer darauf und tuschelten.

»Was ist das?«, wollte Schorsch wissen.

Herr Günter zog seine Beine ein und versteckte sie, so gut es ging, im Gefieder.

Monika fragte ängstlich: »Ist das vielleicht gefährlich?«

Alle starrten auf den dunklen Schatten, der sich unter Wasser näherte, und rätselten, was das sein konnte.

Ein Krake, ein Hai … oder ein Seeungeheuer?

Plötzlich tauchte ein pelziger Kopf aus dem Wasser auf. Es war ein Fischotter! Er lachte, schüttelte sich, prustete und spuckte eine Fontäne Wasser in die Luft. »Hey, Leute«, rief er. »Ich bin Otto!«

So sieht ein Fischotter aus:

»Sind dann endlich alle bereit?«, quakte der Teichfrosch, der inzwischen ein bisschen genervt war.

Alle Teilnehmer schwammen auf ihre Startposition.

»Eins, zwei, drei … los!« Der Frosch schwenkte die gelbe Seerosenblüte.

Die Schwimmer kraulten los, und Schorsch begann wie ein Wilder zu paddeln, während die Zuschauer in der

Arena jubelten und Sprechchöre erklangen: »Herr Günter, Herr Günter ist der schnellste Sprinter!« Oder »Der Schorsch und die Monika sind bestimmt als Erste da!« Aber die meisten riefen: »Otto, Otto, das ist unser Motto!«

Nur der Taumelkäfer kam leider nicht voran und gab nach kurzer Zeit auf. Er konnte nämlich nur im Kreis schwimmen und nicht geradeaus.

Taumelkäfer bewegen sich kreisend über die Wasseroberfläche. Sie haben so etwas wie eine eingebaute Taucherbrille, denn ihre Augen sind zweigeteilt: Die obere Hälfte kann über dem Wasser in der Luft scharf sehen, und die untere Hälfte sieht unter Wasser gut.

Währenddessen paddelte Herr Günter eilig mit seinen Flossen vorwärts. Da sauste Otto mit einem Mal wie ein Blitz an ihm vorbei und wirbelte das Wasser auf. Und weil alle auf diesen pfeilschnellen Schwimmer guckten, bemerkte niemand, dass eine besonders große Welle das kleine Rindenboot hochhob. Es schaukelte wild herum und kippte plötzlich um.

Als Herr Günter die gelbe Zielseerose erreichte, wartete Otto schon fröhlich grinsend auf ihn und sagte: »Erster!«

Auf der Tribüne jubelten alle, die auf den Fischotter gewettet hatten.

Enttäuscht drehte sich Herr Günter nach seinen Freunden um. Aber das kleine Rindenboot trieb leer auf dem Wasser. »Wo sind Schorsch und Monika?«, rief der Gänserich entsetzt.

Der Frosch wedelte aufgeregt mit seiner gelben Blütenfahne herum, und die Zuschauer auf der Tribüne verstummten erschrocken. So ein Unglück!

»Ich suche Monika!«, erklärte Otto entschlossen, und Herr Günter rief: »Und ich rette Schorsch!«

Er tauchte hinab bis auf den Grund des Gänseteichs. Direkt unter dem Rindenboot mitten im dicksten Schlamm entdeckte er den Regenwurm. Er packte ihn vorsichtig mit dem Schnabel am Kopf und zog ihn heraus. Schorsch schien dabei zu schimpfen, aber es kamen nur blubbernde Luftblasen aus seinem Mund. Herr Günter brachte ihn nach oben und setzte ihn auf ein Seerosenblatt. Kaum war Schorsch aus dem Wasser, meckerte er los: »So ein Mist aber auch!«

Währenddessen suchte der Fischotter unten im Gänseteich immer noch nach Monika. Zwischen den Wasserpflanzen entdeckte er endlich ein Schneckenhäuschen. Glücklich brachte er es hinauf und setzte es auf das Rindenboot. Aber was war mit Monikas Häuschen passiert? Es sah grau und schmutzig aus. Zwei Fühler schoben sich heraus, und dann erschien ein faltiger Kopf. »He!«, rief die Schnecke. »Was soll das? Ich will zurück in den Teich!«

»Das ist ja gar nicht meine Monika«, sagte Schorsch, der alles von seinem Seerosenblatt aus beobachtete. Und das stimmte. Otto hatte eine Wasserschnecke gefunden.

Schnell tauchte er wieder hinab und suchte zwischen den Algen und auf dem Seegrund weiter. Aber Monika blieb verschwunden. Verzweifelt sah Otto hoch zur Wasseroberfläche.

Schnirkelschnecken atmen über ein Atemloch und leiten die Luft an eine einfache Lunge in ihrer Körperhöhle weiter. Sie können ihr Atemloch verschließen und unter Wasser mehr als eine Stunde die Luft anhalten. Posthornschnecken leben immer im Wasser und müssen zum Luftholen nur sehr selten an die Oberfläche kommen. Alle Schnecken können auch noch zusätzlich über ihre Haut atmen.

Plötzlich entdeckte er unter dem umgekippten Rindenboot etwas. Da klebte ein braun-gelb gebändertes Schneckenhaus! Er schwamm hin und drehte das Rindenstück kurzerhand einfach um. Nun war Monika wieder an der Luft und die Wasserschnecke im Wasser.

»Monika ist gerettet!«, rief Otto.

Da jubelten alle – Schorsch, Herr Günter und die ganze Insektenarena.

Weil der Regenwurm keine Lust hatte, zurückzurudern, pflückte der Gänserich das Seerosenblatt, auf dem Schorsch lag, und schob ihn ans Ufer.

Otto legte sich die kleine Schnecke auf seinen Bauch, hielt sie ganz vorsichtig mit den Pfötchen fest und paddelte zurück.

Als alle wieder an Land waren, ertönten von der Zuschauertribüne Hochrufe, und süße Körner flogen durch die Luft. »Otto ist der Sieger!«

Herr Günter guckte betrübt, weil er nur Zweiter geworden war.

Monika kroch von Ottos Bauch herunter und stellte fest: »Ich glaube, auch Schwimmen ist nicht die richtige Sportart für mich.« Aus ihrem Schneckenhäuschen tropfte es.

»Hast du vor Schreck ins Häuschen gemacht?«, erkundigte sich Schorsch.

Monika wurde rot. »Nein!«, antwortete sie entrüstet. »Mein Häuschen ist bloß voll Gänseteichwasser gelaufen.«

»Warum hast du es denn nicht zugemacht?«, wollte Otto wissen. »Ich verschließe beim Schwimmen immer meine Ohren und meine Nase, damit kein Wasser reinläuft.«

»Danke für den Tipp«, sagte Schorsch und rülpste laut, weil er so viel Teichwasser verschluckt hatte. »Wenn ich das nächste Mal tauche, halte ich mir auch die Nase zu.«

»Ein Regenwurm hat keine Nase«, bemerkte Herr Günter.

Fischotter sind ausgezeichnete Schwimmer und Taucher. Sie können Ohren und Nase verschließen, bis zu zehn Minuten unter Wasser bleiben und 18 Meter tief tauchen. Beim Schwimmen bewegen sie ihren Körper wellenförmig. Sie benutzen ihre Hinterbeine, um vorwärtszukommen, und steuern mit dem Schwanz.

Bevor sich Schorsch darüber beschweren konnte, riefen die Zuschauer von der Tribüne: »Was ist der nächste Wettkampf? Wann geht es weiter?«

Nun kam der Hochsprung an die Reihe, und Schorschs Laune wurde schlagartig besser. »Hopsen ist sehr lustig!«, fand er. »Das kribbelt immer so schön im Bauch.«

Auch Monika freute sich darauf. »Vielleicht ist ja Hochsprung die richtige Sportart für mich«, hoffte sie.

Zwei Schwebfliegen schwirrten herbei und hielten ein langes Schilfrohr in die Höhe. Darüber sollten die Wettkämpfer springen.

»Das ist für mich eine Kleinigkeit!«, behauptete Herr Günter.

Monika kroch unter die Latte und schielte nach oben. »Das ist aber sehr hoch!«, fand sie, und ihr wurde ein bisschen schwindelig.

Die Käfer auf der Tribüne winkten ihr Mut zu und schwenkten bunte Blätterfähnchen. Monika versuchte zu springen, aber leider hatte sich ihr Fuß am Boden festgesaugt. Sie konnte nicht einmal ein klitzekleines bisschen in die Höhe hopsen. »Es geht nicht«, sagte sie und ließ die Fühler hängen. »Hochsprung ist vielleicht auch nicht das Richtige für mich.«

Als Nächstes war Schorsch an der Reihe. »Ich bin der allerbeste Hochspringer!«, behauptete er, formte sich zu einer Sprungfeder und schaukelte, um Schwung zu holen. Dann stieß er sich ab … und knallte mit dem Kopf von unten gegen das Schilfrohr. »Aua«, jammerte er und plumpste zurück in den Sand.

Welche Tiere sind die besten Springer?

Eine Wiesenschaumzikade hüpft 70 Zentimeter hoch, also über hundertmal höher, als sie selbst groß ist.

Ein Schneeleopard springt 16 Meter weit.

Ein Puma springt 5,5 Meter hoch.

Monika tröstete ihn. »Armer Schorsch!«

Der dritte Teilnehmer war Herr Günter: Mit wackelndem Bürzel nahm er Anlauf, sprang und flatterte dabei heimlich mit den Flügeln. Fast hätte er die Höhe geschafft ... wenn da nicht sein stattlicher Bauch im Weg gewesen wäre. Damit riss er die Latte doch noch herunter.

»Ich bin trotzdem am höchsten von allen gesprungen«, sagte Herr Günter stolz.

»Aber er hat gemogelt!«, flüsterten sich die Feuerkäfer zu. Sie hatten genau gesehen, dass er geflattert und nicht nur gehüpft war.

Würde Herr Günter trotzdem diesen Wettkampf gewinnen?

Da rief auf einmal jemand: »Jetzt bin ich an der Reihe!«

Alle sahen sich erstaunt um. Schließlich entdeckte Herr Günter im Sand ein winziges Insekt. Er rückte seine Brille zurecht und beugte sich hinunter. »Das ist eine Wiesenschaumzikade«, stellte er fest.

»Ich bin Wilma«, erklärte die Zikade freundlich. Zur Begrüßung schüttelte sie mit ihrem Vorderbein Monikas Fühler.

Die Schwebfliegen hielten das Schilfrohr für sie wieder in die Höhe. Aber die Zuschauer auf den Tribünen konnten die winzige Wilma nicht erkennen und riefen deshalb unzufrieden: »Buh!«

Schorsch nahm die Flüstertüte und erklärte allen Anwesenden, was zu sehen war: »Verehrte Käfer und Schmetterlinge! Wie es scheint, braucht die winzige Wilma keinen Anlauf. Sie holt Luft und … Donnerwetter! Wilma springt in die Höhe, schießt über die Latte, macht drei Saltos und landet sauber auf ihren sechs Beinen! Wir haben einen Sieger!«

So wird die Wiesenschaumzikade zum Superspringer: Sie hat einen eingebauten Katapult, also eine Schleuder, mit der sie sich selbst davonschnipsen kann. Ihre starken Muskeln spannt sie mit ihren langen Hinterbeinen wie einen Katapultgummi, hakt sie fest und löst sie blitzschnell, um davonzuhopsen.

Die Zuschauer auf den Grashalmen tobten und pfiffen. Bloß Herr Günter ließ den Kopf hängen. Wieder hatte es nur für den zweiten Platz gereicht.

»Bitte nicht traurig sein!«, bat Monika. »Sie sind viel höher gesprungen als ich.«

Der dritte Wettkampf bestand im Gewichtheben.

»Diesmal gewinne ich!«, verkündete Schorsch. Er war nämlich ein sehr starker Regenwurm und spannte zum Beweis seine Muskeln an.

»Ich habe bestimmt auch viel Kraft«, sagte Monika. Sie versuchte, mit ihren Fühlern die leichteste Hantel anzuheben. Obwohl sie sich sehr anstrengte, schaffte sie es nicht.

»Puh!« Die kleine Schnecke schwitzte vor Anstrengung. »Ich glaube, Gewichtheben liegt mir auch nicht.«

Der kräftige Herr Günter hingegen hob die Hantel mühelos mit seinem Schnabel hoch. Aber dann entdeckte er einen Löwenzahn und ließ sie fallen.

»Jetzt bin ich dran!«, rief Schorsch. Er packte ein Gewicht nach dem anderen mit seinem Regenwurmschwanzspitzenzipfelchen und stemmte es über seinen Kopf. Begeistert klatschten die Käfer und Schmetterlinge auf der Tribüne Beifall. Nun musste Schorsch nur noch die letzte, allerschwerste Hantel anheben. Er spannte all seine Muskeln an, hob das Gewicht in die Höhe ... aber er konnte es leider nicht halten. Es polterte herunter, ausgerechnet auf sein Regenwurmschwanzspitzenzipfelchen.

»Auauau!«, heulte Schorsch. »So ein Mist aber auch!«

Sofort kroch Monika herbei, um die verletzte Stelle mit Schneckenschleim zu kühlen. »Sei nicht traurig«, tröstete sie ihn. »Du bist trotzdem der Stärkste!«

In diesem Moment betrat der braun glänzende Nashornkäfer Herkules die Arena. Er schnaubte wie ein Stier, scharrte mit den Füßen im Sand und blickte sich siegessicher um. Die leichten Gewichte warf er mit seinem riesigen Horn einfach in die Luft. Dann krabbelte er zur

Wer ist der Stärkste?

Stärkster Fisch: Weißer Hai –
Beißkraft von 3 Tonnen

Der Nashornkäfer stemmt
das 850fache seines Gewichts.

Die Milbe kann das 1180fache
ihres Gewichts stemmen.

Der Regenwurm kann das
60fache seines Gewichts
stemmen.

Stärkstes Landtier:
Elefant – kann 9 Tonnen stemmen

Stärkster Vogel:
Harpyie – kann 9 Kilo schwere
Tiere erbeuten und davontragen

allerschwersten Hantel. Er hob sie hoch über seinen Kopf, als wäre sie federleicht.

»Gewonnen!«, jubelten die Insekten auf der Zuschauertribüne.

Stolz verneigte sich der Nashornkäfer Herkules. Dann nahm er Schorsch auf sein Horn und Monika auf den Rücken und lief mit ihnen eine Ehrenrunde durch die Arena.

»Seht doch, wie stark er ist!«, riefen die Feuerkäfer voller Bewunderung und warfen ihm Blumen zu. Der Nashornkäfer war wirklich das stärkste Tier am Gänseteich!

Schorsch zog die Mundwinkel nach unten und ärgerte sich. Sein Regenwurmschwanzspitzenzipfelchen tat weh, und Herkules hatte ihn besiegt.

Herr Günter ließ ebenfalls betrübt den Schnabel sinken. Auch er war nur Zweiter geworden, obwohl er beim Hochsprung sogar geschummelt hatte.

Monika tröstete die beiden. »Ihr seid beinahe Sieger geworden«, lobte sie ihre Freunde. »Und ihr habt kein einziges Mal verloren, so wie ich.«

Bei der anschließenden Siegerehrung hängte der Teichfrosch dem Fischotter Otto, der Wiesenschaumzikade Wilma und dem Nashornkäfer Herkules eine goldgelbe Löwenzahnblüte um. Das war die Goldmedaille.

Herrn Günter lief das Wasser im Schnabel zusammen. »Ich hätte auch gern eine Medaille«, flüsterte er Schorsch zu. Der guckte sehnsüchtig und nickte. »Ich auch. Wenigstens eine kleine, mickrige.«

Monika hörte das und hatte eine Idee. Sie pflückte zwei prächtige Silberdistelblüten und klebte sie ihren Freunden mit Schneckenschleim an den Bauch. Das war die Silbermedaille für den zweiten Platz.

Die Käfer riefen: »Bravo!«, und die Ameisen trugen Schorsch durch die Arena.

Während alle feierten, wurde die kleine Schnecke immer stiller.

Die langsamsten Tiere der Welt

Seestern:
60 Zentimeter pro Stunde

Bananenschnecke:
10 Zentimeter pro Stunde

Seepferdchen:
150 Zentimeter pro Stunde

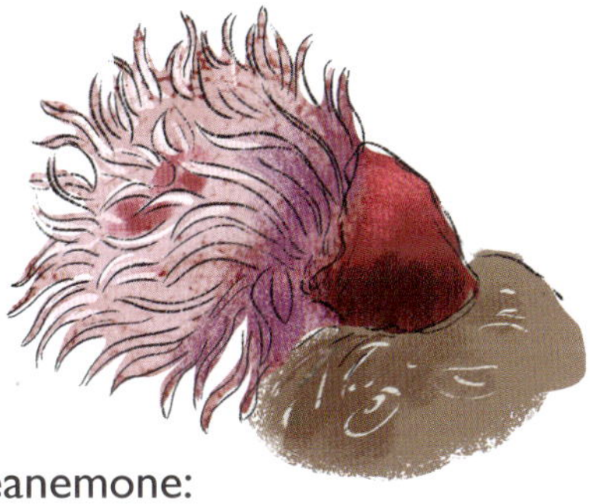

Seeanemone:
1 Zentimeter pro Stunde

Faultier:
1,7 Kilometer pro Stunde

»Was hast du denn?«, fragte Herr Günter.

»Ach«, sagte Monika. »Ich habe leider nicht herausgefunden, welche Sportart zu mir passt.« Sie begann zu weinen.

Die anderen hörten auf zu tanzen und versammelten sich um die schluchzende Schnecke. »Ich bin bei allem immer die Bummelletzte«, jammerte sie.

»Na, das ist doch prima!«, rief Otto. »Dann bist du eben Bummel-Weltmeister!«

Monikas Gesicht hellte sich auf, und sie strahlte. War sie wirklich im Bummeln die Allerbeste?

Herr Günter schüttelte den Kopf. »Tut mir leid, liebe Monika. Aber es gibt Tiere, die sind noch langsamer als du.«

Die kleine Schnecke ließ ihre Fühler hängen. Nicht einmal am allerbesten bummeln konnte sie also.

»Sei bitte nicht traurig«, bat Schorsch. Zum Trost wollte er ihr seine Silbermedaille schenken.

Doch Monika schüttelte den Kopf. »Nein. Du hast dich so darüber gefreut. Deine Silbermedaille möchte ich dir nicht wegnehmen.«

Herr Günter bot ihr das Sauerkleeblatt an, in das er gerade hineinbeißen wollte.

»Vielen Dank«, sagte Monika. »Aber Sie brauchen selbst eine Stärkung nach dem anstrengenden Wettkampf.«

Der Fischotter Otto kramte einen hübschen Kiesel aus einem Versteck unter seinem Arm hervor. »Hier!«, sagte er feierlich. »Ich schenke dir meinen Lieblingsstein. Mit dem kann man Muscheln knacken! Und spielen kann man damit auch.«

Fischotter knacken mit kleinen Steinen Muscheln auf, um an den leckeren Inhalt zu kommen. Manchmal benutzen sie dafür einen Lieblingsstein, mit dem sie auch gern spielen und den sie beim Schwimmen unter ihren Armen aufbewahren.

Es war ein wirklich hübscher Stein, und er glänzte vom Wasser des Gänseteichs. Monika trocknete ihre Tränen. Obwohl ihr der Stein sehr gefiel, sagte sie: »Danke, das ist wirklich lieb von dir. Aber den möchte ich nicht.«

»Und warum nicht?« Schorsch wunderte sich. Er hätte den tollen Stein sofort genommen.

»Das ist doch Ottos Lieblingsstein«, erklärte Monika. »Ohne den kann er keine Muscheln mehr knacken.«

Schon wieder machte sie sich nur Gedanken um die anderen, statt an sich selbst zu denken.

Und da erkannte Schorsch, was seine Schneckenfreundin am allerbesten von allen konnte. »Ich weiß, worin Monika Weltmeister ist!«, rief er und zappelte aufgeregt herum.

Alle guckten ihn erwartungsvoll an und wollten erfahren, worin Monika die Beste war.

Schorsch reckte sich in die Höhe, griff nach der Flüstertüte und verkündete ganz laut, damit es auch alle hörten: »Unsere Monika ist die Allerliebste im Garten!«

Und Herr Günter fügte hinzu: »Vermutlich sogar auf der ganzen Welt.«

Daraufhin gab es einen Riesenjubel am Gänseteich, und alle Tiere stimmten zu. Monika wurde ein bisschen verlegen und war sehr, sehr glücklich.

Plötzlich türmten sich die vielen Feuerkäfer zu einer kunstvollen Pyramide auf und sprangen von oben wie rot leuchtende Funken in die Tiefe.

»Guckt mal! Ein Feuerkäferwerk!«, rief Schorsch begeistert.

Monika staunte. »So etwas Schönes können nur die Feuerkäfer!«

»Ja«, sagte Herr Günter und nickte weise. »Jeder ist eben in irgendetwas der Allerbeste.«

2.

Der Klügere gibt nach?

Die klügsten Tiere und
ihre erstaunlichen Fähigkeiten

Die Morgensonne kletterte über den Zaun und trocknete die glitzernden Tautröpfchen auf der Wiese. Dort war eine neue violette Tulpe erblüht.

»Was für eine schöne Blume!« Monika schnupperte daran. »Mhm! Riecht die gut!«

Neugierig kroch Schorsch näher. »Was gut riecht, schmeckt bestimmt auch gut«, vermutete er.

Die Tulpe hatte saftige grüne Blätter.

»Wollen wir mal kosten?«, fragte Monika.

Der Regenwurm nickte eifrig. »Schnell, bevor Herr Günter kommt und uns alles wegfuttert.«

Aber es war schon zu spät. Ein großer Schatten verdunkelte den Himmel über ihnen, und der gelehrte Graugänserich landete schnatternd auf der Wiese. »Halt!«, rief er aufgeregt.

»Nö!«, sagte Schorsch. »Das ist unsere Blume. Die haben wir als Erste gefunden. Suchen Sie sich eine eigene.« Er riss den Mund auf und wollte zubeißen.

»Tulpenblätter dürft ihr nicht essen«, warnte Herr Günter. »Die sind giftig!«

Schorsch klappte seinen Mund wieder zu. Monika rutschte von der Tulpe weg.

»Ihr müsst keine Angst vor einer Tulpe haben«, beruhigte Herr Günter sie. »Nur essen solltet ihr sie nicht.«

Mit seinem Schnabel pflückte er eine kleine blaue Blüte von der Wiese und reichte sie Monika. »Nimm lieber ein Veilchen.«

Er zeigte seinen Freunden, welche Blüten und Kräuter im Garten sie essen durften. Zu jeder Pflanze hielt er einen langen Schlaubergervortrag und futterte sie anschließend auf. »Mhm! Ein Gänseblümchen!«, schwärmte er. »Das schmeckt nach Nuss!« Er schnappte sich eine gelbe Schlüsselblume und schmatzte. »Süß wie Honig!« Dann watschelte er zur Seite und zupfte die Blüte einer Kapuzinerkresse ab. »Ein wenig herb, aber besonders köstlich!«

Essbare Blüten

Während Monika aufmerksam lauschte, wurde es Schorsch bald langweilig. Er guckte Löcher in die Luft und suchte nach einem spannenden Abenteuer. Da entdeckte er plötzlich etwas Merkwürdiges: Oben auf der Dachrinne des Schuppens hüpfte eine Krähe herum. »Ich krrieg die Krrise!«, krächzte sie verärgert. Sie versuchte nämlich, an eine Nuss zu kommen, die sich in einem Spalt verklemmt hatte.

Neugierig reckte sich Schorsch in die Höhe. Er war gespannt, ob die Krähe den Leckerbissen erwischen würde. Der Vogel flatterte jetzt auf den Boden, hob ein Stöckchen auf, kehrte zur Dachrinne zurück und hebelte damit die Nuss aus dem Spalt heraus. »Krraks!«, freute sich die Krähe.

»Donnerwetter!«, rief Schorsch überrascht.

Herr Günter unterbrach seinen Schlaubergervortrag.

Krähen sind superschlau und können sogar selbst Werkzeuge bauen und benutzen, um an leckeres Futter zu gelangen. Sie suchen dazu kleine Stöcke, die sie sich zurechtknabbern oder zusammenstecken. Sie können planen, erkennen sich im Spiegel, können sich Gesichter merken, sind traurig, wenn einer ihrer Freunde stirbt, und sie sind nachtragend, wenn sie geärgert werden.

»Ja«, sagte er, »es ist wirklich erstaunlich, wie viel ich weiß!« Stolz glättete er sein Gefieder.

»Quark mit Quatschsoße.« Der Regenwurm sah das ganz anders. »Sie denken immer, Sie sind der Schlaueste. Stimmt aber gar nicht.«

Monika staunte. »Wer könnte denn noch schlauer sein als unser Herr Günter?«

Der Gänserich legte seine Stirn in Falten und dachte nach. Ihm fiel der kluge Uhu Ullrich ein, der in den Wipfeln einer sehr hohen Eiche lebte. Verlegen gab Herr Günter zu: »Also, es gibt da in der Tat am Waldrand jemanden …«

Schorsch unterbrach ihn. »Nicht am Waldrand. Hier im Garten! Da drüben sitzt eine Krähe. Die hat gerade ein Werkzeug benutzt!«

»Oh!« Monika staunte. »Dann ist sie wirklich besonders schlau!«

Herr Günter ärgerte sich. Er kannte diesen Vogel nämlich. Der hatte ihm neulich eine reife Birne vor dem Schnabel weggeschnappt. »Die Krähe Krakelfuß ist niemals schlauer als ich!«, rief er empört.

Alle drei beobachteten den schwarzen Vogel, der nun geschäftig auf der Wiese herumhüpfte. Er pickte ein Loch in den Boden und steckte die Nuss hinein. Dann sah er sich verstohlen um und entdeckte die drei Freunde.

»He!«, rief die Krähe Krakelfuß misstrauisch. »Was

glotzt ihr denn so?« Sie nahm die Nuss wieder aus dem Versteck und schob sie hinter ihren Rücken. »Das ist meine!«

Die kleine Schnecke erklärte: »Wir haben bloß überlegt, wer klüger ist, du oder unser Herr Günter.«

Empört protestierte der Gänserich: »Selbstverständlich bin ich klüger!«

Krakelfuß hüpfte zu ihnen herüber und lachte krächzend. »Gar nicht wahr. Natürlich bin ich schlauer!«

So sieht eine Rabenkrähe aus:

Vögel müssen besonders leicht sein, um fliegen zu können.

»Aber ich kenne sämtliche Pflanzen im Garten«, schnatterte Herr Günter.

»Und er weiß sogar, wie sie schmecken!«, verriet Monika.

»Pah! Das ist doch gar nichts«, behauptete Krakelfuß. »Ich weiß, welche Samen diese Pflanzen bilden. Und wie die schmecken, weiß ich schon längst.«

Der Gänserich wollte sich nicht geschlagen geben. »Aber ich kenne die Tiere, die in Afrika leben.« Er begann, sie aufzuzählen: »Elefant, Tiger, Giraffe, Nilpferd und Krokodil!«

»Na und?«, sagte die Krähe. »Ich kenne viel mehr Tiere. Fuchs, Eichhörnchen, Bär, Dachs, Reh, Igel …«

»Aber ich kenne mehr Steine!«

»Und ich kenne mehr Früchte!«

Die beiden schlauen Vögel versuchten, einander mit ihrem Wissen zu übertreffen. Dabei fielen sie sich ständig ins Wort. Aber wer von ihnen war nun der Klügere?

»Ich bin es natürlich!«, behauptete Herr Günter.

»Nein, ich bin das!«, versicherte Krakelfuß.

»Oje«, sagte Monika. »Ich mag es nicht, wenn zwei sich zanken.«

Und Schorsch meckerte: »So ein Geschnatter und Gekrächze! Ich halte mir gleich die Ohren zu!«

Die beiden Vögel hörten auf zu streiten und guckten ihn an. »Eine Regenwurm hat …«, begann Herr Günter und Krakelfuß beendete den Satz: »... keine Ohren!«

Dann lachten beide und klapperten mit ihren Schnäbeln.

Gänse sind sehr klug und lernen sehr schnell. Sie haben viele Tricks auf Lager, können sich bei Gefahr totstellen und schlagen besser Alarm als Wachhunde. Außerdem können sie Menschen und andere Gänse genau voneinander unterscheiden.

»Na toll«, brummte Schorsch. »Jetzt haben wir zwei Schlauberger im Garten.«

Monika seufzte. Gab es denn gar keine Lösung für dieses Problem? »Können wir nicht einfach sagen, dass ihr beide sehr klug seid?«

Die Streithähne warfen sich einen kurzen Blick zu, dann schüttelten sie entschlossen die Köpfe und zankten sich weiter.

»Ruhe im Gemüsebeet!«, brüllte Schorsch, dem es nun reichte. »Der Klügere gibt nach!«

Krakelfuß sperrte erstaunt den Schnabel auf. Herr Günter grübelte. Wenn das, was Schorsch da gerade gesagt hatte, stimmte: Sollte er dann zugeben, dass die Krähe klüger war? Und bedeutete das dann, dass es genau umgekehrt war?

»Ihr seid beide klug«, sagte Monika. »Und Schorsch und ich, wir sind leider nicht ganz so klug wie ihr. Bringt uns doch lieber etwas Schlaues bei. Das ist viel schöner als zu streiten.«

Die beiden Besserwisser-Vögel nickten zufrieden.

»Eine gute Idee!«, fand Herr Günter.

»Ja, die Idee ist der Krracher«, stimmte Krakelfuß zu.

Beide beschlossen, sich einen Schüler zu wählen, dem sie etwas beibringen wollten.

»Was werden wir denn lernen?«, fragte Monika aufgeregt. Die kleine Schnecke war nämlich sehr wissbegierig.

Schorsch dagegen ließ den Kopf hängen. Er hätte viel lieber herumgetobt oder ein lustiges Spiel gespielt. Lernen klang nach Anstrengung und Langeweile.

Herr Günter überlegte kurz. Ihm fiel ein, dass seine Freunde gerade eben beinahe eine giftige Pflanze gegessen hätten. »Wir bringen euch bei, wie ihr die Blätter im Garten voneinander unterscheiden könnt.«

»Und wie ihr sie zählt«, rief Krakelfuß. Sie liebte nämlich Zahlen und Rechnen über alles.

Herr Günter nickte. »Einverstanden!« Zum ersten Mal waren sich die beiden Vögel einig.

Das gefiel Monika. »Wie gut, dass ihr endlich aufgehört habt, euch zu streiten.«

»Keineswegs«, sagte Herr Günter. »Wir machen nur eine kurze Pause. Der Wettbewerb geht natürlich weiter.«

Krakelfuß nickte. »Der, dessen Schüler am Ende genau sieben Melissenblätter gesammelt hat, ist der Klügste.«

»Das wird natürlich mein Schüler sein«, stellte Herr Günter klar.

»Ist nicht wahr, das wird meiner«, widersprach Krakelfuß.

Nun mussten sie nur noch festlegen, wer wem etwas beibringen sollte.

»Ich bin natürlich der bessere Lehrer«, fing Herr Günter an.

Krakelfuß unterbrach ihn. »Aber die Krähensprache können Sie nicht. Wir haben für alles und jeden nämlich einen ganz besonderen Krächzer.«

»Wirklich?«, fragte Schorsch. »Gibt es auch einen besonderen Krächzer für mich?«

»Na klar.« Die Krähe legte ihren Kopf schräg und starrte ihn scharf an. »Zu einem Regenwurm sagen wir in der Krähensprache *Raakrak*.«

Schorsch fand das lustig, und Monika wollte wissen: »Wie klingt denn der Krächzer für eine Nuss?«

Krakelfuß zuckte mit den Flügeln. »Natürlich auch *Raakrak*.«

Krähen haben eine besondere Sprache mit über 250 verschiedenen Lauten. Sie kennen unterschiedliche Alarmrufe, mit denen sie einander vor Katzen, Habichten und Menschen warnen. Sie können laut rufen, aber sich in ihrer Familie auch ganz leise Geheimnisse zuflüstern.

»Und was heißt Apfel?«, fragte Schorsch.

»Ebenfalls *Raakrak*«, antwortete Krakelfuß.

Der Gänserich lachte. »Also, diese Sprache scheint nicht besonders schwierig zu sein.«

»Genau«, sagte Schorsch. »Bei euch Krähen heißt ja alles gleich. Herrn Günter nennt ihr bestimmt auch *Raakrak*.«

Die Krähe schüttelte den Kopf und musste kichern. »Nein, dafür ist der viel zu groß. *Raakrak* heißt doch Appetithäppchen!«

Der Regenwurm wurde vor Ärger dunkelrosa und schimpfte: »Das ist ungerecht!«

»Schorsch ist doch kein Appetithäppchen!«, rief Monika vorwurfsvoll.

Verlegen scharrte die Krähe mit einer Kralle auf dem

Kiesweg herum. »Jetzt, wo ich ihn kenne, ist er eigentlich kein *Raakrak* mehr. Ich nenne ihn lieber *Krakrax*. Das bedeutet Freund!«

Aber Schorsch wollte trotzdem kein Schüler von Krakelfuß werden. Er fand nämlich, dass ihn die Krähe ziemlich hungrig anstarrte.

»Dann wird Schorsch also mein Schüler!«, verkündete der Gänserich freudig. »Wir werden viel Spaß beim Lernen haben!«

Schorsch stöhnte. Das klang nach einem sehr, sehr trostlosen Vormittag. Er überlegte, wie er ein bisschen Pfiff in die Sache bringen konnte. »Wir müssen unbedingt noch eine lustige Überraschung vorbereiten«, schlug er vor. »Sonst mache ich nicht mit.«

Monika gefiel dieser Vorschlag. »Ich liebe Überraschungen!«

Und damit war es beschlossen. Die beiden Schüler sollten das, was sie gelernt hatten, mit einem verblüffenden Trick verbinden, den sie den anderen am Ende des Wettkampfs präsentieren wollten. Und wenn der Schatten des Kirschbaums das Gemüsebeet erreichte, war die Zeit zum Lernen vorbei.

Dann begann der Unterricht. Monika gab sich viel Mühe und war eine sehr fleißige Schülerin. Die Krähe legte drei Blätter vor sie hin und ließ sie daran schnuppern.

Ähnlich und doch verschieden:

Kräuter

Brennnessel: hat scharf gezackte Blätter und Brennhaare

Pfefferminze: riecht nach Minze

Melisse: riecht nach Zitrone

Bäume

Buchenblätter: eiförmig und gewellter Rand

Lindenblätter: herzförmig, fein gezackter Rand

Erlenblätter: eiförmig und doppelt gezackter Rand

»Das hier duftet nach Zitrone!«, rief Monika fröhlich. »Und das nach Pfefferminz!«

»Das sind Melisse und Minze«, erklärte Krakelfuß. Das dritte Blatt hatte besonders spitze Zacken und gehörte zu einer Brennnessel.

Monika guckte von einem Blatt zum anderen. Alle drei sahen sich sehr ähnlich. »Ist es denn schlimm, wenn ich die verwechsele?«, fragte sie ängstlich.

»Nein«, versicherte die Krähe. »Eine Brennnessel ist nicht giftig.«

Schorsch kicherte. »Ich würde da aber nicht reinbeißen. Das brennt im Schnabel.«

»Ein Regenwurm hat keinen Schnabel«, bemerkte Herr Günter. Es gefiel ihm gar nicht, dass sein Schüler so unaufmerksam war und ständig in der Gegend herumguckte.

Während Lehrerin Krakelfuß ihre Schülerin Monika häufig lobte, sagte Herr Günter immer wieder verärgert zu Schorsch: »Du bist ein hoffnungsloser Fall!«

Die Krähe brachte Monika inzwischen das Zählen bei. Die kleine Schnecke verwechselte manchmal die Zahlen, aber Krakelfuß machte ihr Mut. »Das war fast richtig!« Zur Belohnung schenkte sie Monika eine herrliche, schwarz glänzende Feder von sich.

Die kleine Schnecke strahlte vor Glück. »Danke schön!« Sie steckte die Feder an ihr Hütchen und gab sich noch mehr Mühe.

»Das ist ungerecht«, meckerte Schorsch. »Sie müssen mir auch eine Feder zur Belohnung schenken, Herr Günter.«

Aber der Gänserich wollte keine Feder aus seinem eleganten grauen Gefieder zupfen. »Du hast keine Belohnung verdient«, sagte er. »Lern lieber die Zahl Sieben.« Er zeigte auf einen Marienkäfer, der über die Wiese spazierte. »Der hat genau sieben Punkte.«

Schorsch kroch dem knallroten Käfer hinterher. »He!«, rief er. »Warte mal! Ich will deine Punkte zählen.«

Bereitwillig blieb der nette Marienkäfer stehen. Schorsch pflückte ein paar Blätter und legte für jeden Punkt eines hin. »Eins, zwei, drei, vier, fünf, sechs, sieben Mal Melisse!«, sagte er. Vor ihm lagen nun sieben Blätter. »Juchhu!«, freute er sich. »Ich hab's geschafft!«

Der Marienkäfer staunte. »So viele Punkte habe ich? Du bist aber schlau!« Dann trippelte er weiter.

»Haben Sie das gehört, Herr Günter?«, fragte Schorsch stolz. »Bald bin ich genauso klug wie Sie!«

Eigentlich hätte sich der Gänserich nun über seinen gelehrigen Schüler freuen können. Aber seltsamerweise ärgerte er sich. Er wollte auf keinen Fall, dass der Regenwurm so klug wurde wie er selbst. Deshalb sagte Herr Günter patzig: »Das ist keine Melisse, sondern Pfefferminze.« Schnell fraß er alle Blätter auf, die Schorsch gesammelt hatte. Dann stellte er fest: »Du hast für heute genug gelernt!«

»Endlich!« Der kleine Regenwurm war sehr froh, dass er sich nichts mehr merken musste. »Ist doch auch egal, wie die Blätter heißen. Die sind alle grün.«

Er begann ein fröhliches Lied zu pfeifen und erinnerte Herrn Günter an die zweite Aufgabe. »Wir müssen uns noch eine Überraschung ausdenken!«

»Unsinn kannst du allein machen«, sagte der Gänserich. Er war sehr zufrieden, dass er sein Wissen mit niemandem mehr teilen musste. So bleibe ich der Allerklügste im Garten!, dachte er.

Abenteuerlustig guckte sich Schorsch auf der Wiese um. Mit welchem Spaß konnte er die anderen nur überraschen? Vor seinem Gesicht baumelte ein Spinnenfaden, der von dem Zweig über ihm herabhing. »Hey!«, meckerte Schorsch und pustete den Faden weg.

Das sind die klügsten Tiere:

Der Delfin hat Gefühle, kann planen, baut sich aus Meeresschwämmen Schnauzenschoner, die ihn bei der Futtersuche auf dem Meeresgrund vor scharfen Steinen schützen.

Der Schimpanse benutzt Werkzeuge, stellt Waffen für die Jagd her und hat Mitgefühl für andere.

Der Oktopus kann durch Beobachtung lernen, spielt, träumt und löst schwierige Aufgaben, wie das Aufdrehen von Schraubgläsern.

Da entdeckte er in einiger Entfernung in der Ecke des Gartens ein Kraut. »Das ist bestimmt Melisse«, vermutete er. Und plötzlich hatte er eine Idee. Jetzt wusste er, welchen Trick er seinen Freunden vorführen wollte, und kicherte. »Die werden staunen!«

Als der Schatten des großen Kirschbaums auf das Gemüsebeet fiel, rief Krähe Krakelfuß: »Die Zeit ist um!«

»Einen Moment«, sagte Monika und ging im Kopf noch einmal alle Zahlen durch.

»Gleich, gleich«, murmelte auch Herr Günter und futterte ein allerletztes Blatt.

Schorsch band sich schnell den herabhängenden Spinnenfaden um den Bauch. Dann waren alle so weit.

Nun sollte sich zeigen, welcher Lehrer der klügere war, weil er seinem Schüler mehr beigebracht hatte.

Monika hob eifrig einen Fühler in Höhe. »Ich kann Blätter unterscheiden und habe zählen gelernt.« Stolz zeigte sie sieben Melissenblätter, die sie auf den Kiesweg gelegt hatte. Im Schneckentempo kroch sie von einem zum nächsten und zählte dabei, ebenfalls sehr langsam.

Als sie beim dritten Blatt angekommen war, gähnte Schorsch. »Das kann ich alles viel besser und vor allem schneller.« Ungeduldig klopfte er mit seinem Regenwurmschwanzspitzenzipfelchen auf den Boden.

Aber Monika ließ sich nicht aus dem Konzept bringen

und zählte in aller Ruhe weiter bis zur Sieben. Danach wollte sie ihre Überraschung vorführen, aber Schorsch drängelte sich vor.

»Nö!«, rief er. »Jetzt bin ich erst mal dran.« Er versprach, die langweiligen Zahlen mit einem lustigen Trick vorzuführen.

Herr Günter hatte keine Ahnung, was Schorsch sich ausgedacht hatte. Trotzdem behauptete er: »Mein Schüler hat natürlich viel mehr gelernt. Und deswegen bin ich der Klügere von uns beiden.«

»Das werden wir ja gleich sehen«, sagte Krakelfuß.

Monika war sehr gespannt auf Schorschs Überraschung.

Der verkündete großspurig: »Ich werde jetzt während eines erstaunlichen Sturzflugs sieben Melissenblätter auf einen Streich pflücken!«

»Oh!«, rief Monika bewundernd.

Herr Günter nickte zufrieden. »So etwas Interessantes und Furchtloses kann deine Schülerin nicht vorweisen, Krakelfuß.«

Die kleine Schnecke ließ ihre Fühler hängen. Denn das stimmte: Leider war sie nicht mutig genug für einen solchen Trick.

»Ich bin trotzdem sehr stolz auf Monika«, sagte die Krähe. »Sie hat sich nicht verzählt.«

Schorsch zog den Spinnenfaden um seinen Bauch noch ein bisschen fester. Dann guckte er prüfend nach oben. Das andere Ende hing immer noch am Ast. An diesem Faden wollte sich der kleine Regenwurm wie ein Artist bis zur der Gartenecke schwingen und dort im Vorbeiflug die Blätter pflücken. Dafür brauchte er nur ein wenig Unterstützung. »Helfen Sie mir mal«, bat er seinen Lehrer Günter. »Der Faden muss ordentlich straff gespannt werden.«

Der Gänserich packte den Regenwurm mit seinem Schnabel und watschelte ein Stück zurück, sodass sich der Spinnenfaden dehnte wie ein Schnipsgummi.

»Ja!«, freute sich Schorsch. »Das gibt ordentlich Bumms beim Start!« Er peilte den Kräuterstrauch an und rief: »Ab geht die Post!«

Auf dieses Signal hin öffnete Herr Günter seinen Schnabel und ließ den Regenwurm los. Schorsch düste mit Karacho in die Gartenecke. Genau dorthin, wo der kleine Strauch wuchs, den er für Melisse hielt. Er streckte sein Regenwurmschwanzspitzenzipfelchen aus und wollte sich sieben Blätter aus der Luft schnappen. Doch bevor er sie packen konnte, riss der Spinnenfaden, und Schorsch landete mitten im Gebüsch.

»Aua!«, schrie er. »So ein Mist aber auch! Das brennt!«

»Auweia«, sagte Monika und kroch los, um ihrem Freund zu helfen. »Oh«, stellte sie fest, als sie bei Schorsch

angekommen war. »Es ist gar keine Melisse. Das sind Brennnesseln!« Die kleine Schnecke hatte wirklich viel von der Krähe gelernt und die Blätter an ihren spitzen Zacken erkannt.

Schorsch rief um Hilfe und zappelte. Aber je mehr er zappelte, umso schlimmer pikten ihn die Brennhaare der Nessel. »Holt mich hier raus!«, schrie er.

Unschlüssig trampelte der Gänserich von einer Flosse auf die andere. Er fürchtete sich vor den Brennnesseln. Schließlich flatterte Krakelfuß zum Brennnesselstrauch, packte den verunglückten Regenwurm mit spitzem Schnabel und legte ihn auf die Wiese. In Schorschs Körper steckten überall winzige Stacheln.

Herr Günter betrachtete ihn interessiert von allen Seiten. »Du erinnerst mich an etwas, Schorsch«, sagte er. »Du siehst aus wie ein Kaktus. Auf einer meiner weiten und sehr lehrreichen Reisen …«

Brennnesseln besitzen hohle Brennhaare, in denen vor allem Ameisensäure ist. Wenn man die Brennhaare berührt, brechen die Spitzen ab. Die Brennhaare pieken sich dann wie winzige Spritzen in die Haut und bringen die Ameisensäure hinein, die juckt und brennt. Damit schützt sich die Brennnessel vor Tieren, die sie fressen wollen.

Monika unterbrach ihn. »Wir sollten dem armen Schorsch lieber erst einmal helfen.«

Die kleine Schnecke und ihre Lehrerin drehten dem Gänserich den Rücken zu und kümmerten sich um den Regenwurm, der leise vor sich hin jammerte:

»Au, au, au. So ein Mist aber auch!«

Herr Günter ärgerte sich, dass ihn niemand mehr beachtete. »Aber ich bin der Einzige hier, der schon einmal einen echten Kaktus gesehen hat. Deshalb bin ich der Allerklügste!«

»Stimmt nicht«, rief Krakelfuß verärgert. »Schorsch hat versagt. Und Monika hat ihre Aufgabe erfüllt. Das ist der Beweis. Ich bin klüger als Sie!«

Wie mit einer Pinzette zupfte die Krähe mit ihrem Schnabel bei Schorsch einen Stachel nach dem anderen heraus. Anschließend schmierte Monika kühlenden Schneckenschleim auf die wunden Stellen.

»So ein **Riesen-Stachel-Popo-Mist** aber auch«, jammerte der arme Unglückswurm Schorsch. »Und verloren haben wir auch noch. Das ist nur Ihre Schuld, Herr Günter.«

Empört plusterte sich der Gänserich auf. »Du wolltest die falschen Blätter pflücken, also bist du schuld«, schimpfte er schnatternd. »Außerdem hast du mit deiner Faulheit alles verdorben, Schorsch.«

»Hören Sie auf mit dem Krawall!«, krächzte Krakelfuß. »Schorsch kann nichts dafür.«

»Das stimmt!«, sagte Monika. »Sie haben Schorsch nicht beigebracht, woran er Melisse erkennen kann.«

»Genau!« Der Regenwurm drehte sich beleidigt um. Nun konnte Krakelfuß auch die Stacheln auf der anderen Seite herauszupfen.

Plötzlich schämte sich Herr Günter. Er hatte Schorsch ja absichtlich nichts beigebracht, damit der nicht klüger wurde als er selbst. Betrübt senkte er den Kopf und sagte: »Ihr habt recht. Es tut mir leid, Schorsch, bitte entschuldige.«

Schorsch, der endlich alle pikenden Brennnesselhaare losgeworden war, sagte großzügig: »Schwamm drüber! Jeder macht mal was Dummes. Ist mir auch schon passiert.«

So schlau sind Krähen: In Japan legen Rabenkrähen Nüsse auf die Fahrbahn und lassen sie von vorbeifahrenden Autos knacken. Neukaledonienkrähen haben gelernt, mit einem Spiegel um die Ecke zu schauen, um verstecktes Futter zu finden. Und Saatkrähen können sich Haken aus Draht biegen, um damit Larven aus einer engen Röhre zu angeln.

Alle dachten an die vielen Dummheiten, die Schorsch ständig anstellte, und mussten lachen.

Nur der Gänserich lachte nicht, denn er ärgerte sich immer noch über sich selbst. Er hatte der Krähe beweisen wollen, dass er klüger war als sie. Aber nun musste er einsehen, dass auch ein schlauer Vogel wie er manchmal Dummheiten machte.

Wie gern hätte Herr Günter zum Trost ein Gänseblümchen gefuttert. Seltsamerweise konnte er aber kein einziges mehr auf der Wiese finden. »Wo sind die denn alle hin?«, wunderte er sich und seufzte.

»Ach!«, rief Monika fröhlich. »Das hätte ich vor lauter Aufregung beinahe vergessen!«

Weil Schorsch sich vorgedrängelt hatte, war sie noch gar nicht dazu gekommen, ihre Überraschung vorzuführen.

Zusammen mit ihrer Lehrerin Krakelfuß hatte sie eine lange Gänseblümchengirlande geflochten und hinter dem Kirschbaum versteckt. Nun holte die Krähe sie hervor, flatterte um den Baum herum und spannte sie zwischen den Zweigen auf. Die weiße Blütenkette schaukelte im leichten Wind und sah sehr hübsch aus.

»Und wozu soll das gut sein?«, brummte Schorsch.

»Jetzt spielen wir Gänseblümchenschnappen!«, rief Monika fröhlich.

»Und dabei üben wir zählen!«, ergänzte Krakelfuß.

Das war ein Spiel, das allen gefiel. Sie machten lange Hälse und reckten sich in die Höhe, um möglichst viele von den leckeren Blüten zu erwischen.

»Ich habe schon ein Gänseblümchen verputzt«, sagte Monika stolz.

Schorsch streckte sich in die Länge und rief: »Ich hab schon zwei erwischt!«

Herr Günter hüpfte um den Kirschbaum herum und flatterte mit den Flügeln, um auch das obere Ende der Girlande zu erreichen. »Ich habe bereits elf Gänseblümchen gepflückt«, rief er gut gelaunt. »Oder besser gesagt dreizehn! Nein, vierzehn!«

Diesmal passte Schorsch gut auf und merkte sich die Zahlen genau. Er hatte nämlich begriffen, dass Lernen nützlich sein konnte. Es war wichtig zu wissen, welche Blätter man essen durfte, welche giftig waren und welche ganz gemein stachelten.

Krähe Krakelfuß guckte sich das eine Weile an, dann sagte sie: »Ich mag keine Gänseblümchen. Aber ich habe auch Hunger. Da fliege ich besser zurück aufs Feld.«

»Schade!«, fand Monika. »Aber vielleicht ist es sicherer so.«

»Jawohl«, sagte Schorsch, »Nicht, dass mich Krakelfuß am Ende doch noch mit einem Appetithäppchen verwechselt!«

Die Krähe Krakelfuß nickte allen zum Abschied zu. »Der Tag mit euch hat mir gefallen«, sagte sie und kicherte. »Und nun ist auch endlich klar, dass ich klüger als Herr Günter bin.« Dann breitete sie ihre schwarzen Flügel aus und flatterte krächzend davon.

Herr Günter ließ den Kopf hängen, und Monika versuchte, ihn aufzuheitern. »Jetzt, wo Krakelfuß weg ist, sind Sie doch wieder der Klügste im Garten«, tröstete sie ihn.

Diese Krähenarten gibt es bei uns:

Nebelkrähe

Saatkrähe

Rabenkrähe

Schorsch pustete auf die kleinen Bläschen, die er von der Brennnessel bekommen hatte. »Auf jeden Fall sind wir jetzt alle ein bisschen klüger als heute Morgen«, stellte er fest.

»Das stimmt«, sagte Herr Günter. »Ich habe etwas sehr Wichtiges gelernt, das ich vorher noch nicht wusste.«

»Was denn?«, fragte Monika neugierig.

»Wer wirklich klug ist, teilt sein Wissen mit anderen«, erklärte Herr Günter. »Denn wenn man Wissen teilt, wird es trotzdem nicht weniger.«

Herr Günter holte sich ein Salatblatt, und Monika wiederholte: »Das stimmt. Ein kluger Gänserich sollte sein Wissen teilen.«

»Und sein Salatblatt«, sagte Schorsch. »Das sollte ein kluger Gänserich auch teilen.«

Da mussten sie alle drei lachen und bissen gleichzeitig und mit viel Appetit in das große, grüne Blatt.

3.

Ätsch, ich hab mehr!

Welche Tiere haben wovon am meisten?

Der kleine Regenwurm Schorsch erwachte in seinem Wohngang. Dort war es sehr gemütlich. Nicht zu warm, nicht zu kalt, und es duftete nach frischer Humuserde. Er angelte nach seiner Kappe, die an einer Löwenzahnwurzel hing. Die Kappe fiel herunter und wurde schmutzig. Als Schorsch sie aufheben wollte, stieß er sich sein Regenwurmschwanzspitzenzipfelchen. Dieser Tag fing nicht gut an!

»Bestimmt ist heute auch noch ganz doofes Wetter«, brummte der kleine Regenwurm.

Er streckte sich, um oben aus seinem Wohngang herauszugucken. Da machte es plötzlich »*Boing!*«. Sein Kopf war gegen ein Hindernis gestoßen.

»So ein Mist aber auch!«, schimpfte er.

Irgendetwas verstopfte den Ausgang. Mit aller Kraft drückte Schorsch dagegen, doch nichts rührte sich. Ein großes, sehr schweres Ding versperrte ihm den Weg. Er drehte sich um und tastete vorsichtig mit seinem Regenwurmschwanzspitzenzipfelchen nach oben. Was war das nur? Es fühlte sich glatt und kühl an. Plötzlich wackelte das große sehr schwere Ding, und jemand kicherte.

»Mich hat etwas an meiner Gänseflosse gekitzelt«, hörte Schorsch den gelehrten Gänserich Günter über sich sagen.

»He!«, rief der kleine Regenwurm. »Sie stehen mit Ihrer Gänseflosse auf meinem Ausgang!«

Erschrocken hüpfte Herr Günter einen Schritt zur Seite. »Oh! Verzeihung!«

Nun fiel Licht in den Wohngang. Missmutig kniff Schorsch die Augen zusammen und schob sich ins Freie.

Vor ihm im Gemüsebeet saß die kleine Schnecke Monika und strahlte ihn an. Neben ihr stand Herr Günter und futterte Salat.

»Immer dasselbe«, maulte Schorsch. Er zog seine Kappe tief ins Gesicht und ärgerte sich weiter.

Monika kroch näher an ihn heran. »Warum bist du denn so schlecht gelaunt?«, fragte sie mitfühlend. Sie streichelte ihren besten Freund mit den Fühlern.

»Weil Schorsch nun einmal ein Meckerwurm ist«, behauptete Herr Günter.

Der Regenwurm ärgerte sich noch mehr. »Ist gar nicht wahr«, brummte er. »Ich bin heute bloß mit dem falschen Fuß aufgestanden.«

Schnatternd lachte der Gänserich los. »Das ist absolut unmöglich! Ein Regenwurm hat keinen Fuß!«

Wütend kickte Schorsch mit seinem Regenwurmschwanzspitzenzipfelchen gegen einen Stein auf der Wiese. Der Stein war sehr hart.

»Aua!«, schimpfte Schorsch.

Der Stein schimpfte ebenfalls: »Aua!«

Erschrocken fragte Monika: »Hat Schorsch dir wehgetan?«

Der Stein wackelte, und ein dunkelbrauner Wurm streckte seinen Kopf hervor. »Nein, aber er hat mich geweckt«, beschwerte er sich.

»Entschuldigung«, bat Schorsch. »Das ist bloß passiert, weil ich sauer bin.«

»Aha.« Der Wurm, der übrigens Valentin hieß, wackelte verwundert mit seinen Fühlern. »Warum bist du denn sauer?«

»Alle haben mehr als ich«, beklagte sich Schorsch. »Guck … Ich hab überhaupt keinen Fuß.« Er hoffte, dass dieser seltsame Wurm auch keine Füße hatte und ihn trösten würde.

Valentin kroch unter dem Stein hervor und betrachtete Schorsch von allen Seiten. »Tatsache. Nicht ein einziger Fuß«, stellte er fest und grinste. »Ätsch. Aber ich hab welche!«

Jetzt bemerkte Schorsch, dass Valentin wirklich Füße hatte. Sehr viele Füße. Mehr, als er zählen konnte. Er war überhaupt kein Wurm! »Das ist ungerecht!«, fand Schorsch.

Neugierig kroch die kleine Schnecke näher. »Ich habe auch einen Fuß«, sagte sie und hob ihren Saugfuß an. Darunter klebten Schneckenschleim und ein paar Krümel.

Auch Herr Günter watschelte zu ihnen und stellte fest: »Ich habe zwei Füße.« Er hob erst seine linke und dann seine rechte gelbe Gänseflosse.

In diesem Moment kam der Fischotter Otto vorbei. »Guckt mal. Ich habe sogar vier Füße.« Er zeigte fröhlich einen pelzigen Fuß nach dem anderen.

»Na und?« Valentin machte ein hochmütiges Gesicht. »Aber ich habe mehr Füße!«

»Das ist auch kein Wunder«, sagte Herr Günter. »Valentin ist nämlich ein Tausendfüßler.«

Und ein Tausendfüßler hat zwar keine tausend Füße, aber immerhin mehr als einhundert.

So sieht ein Tausendfüßler aus:

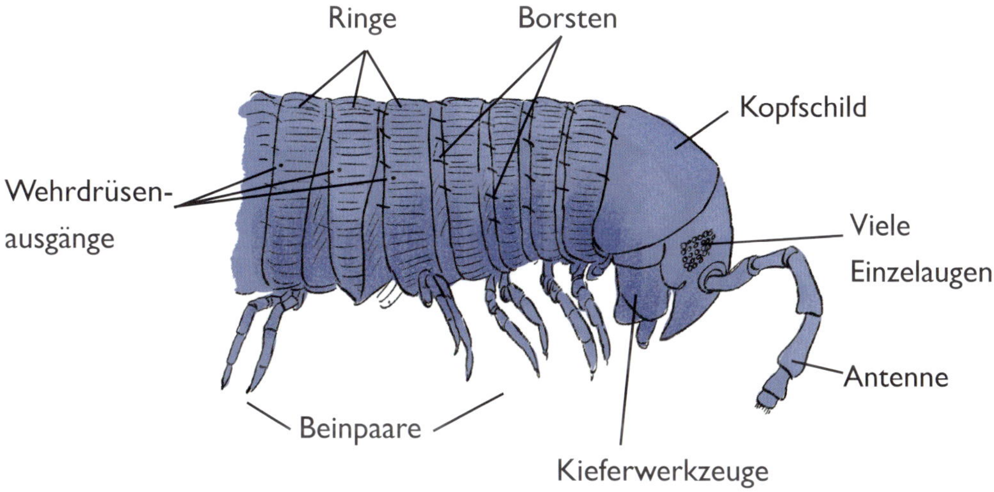

»Ätsch! Ich hab am allermeisten«, behauptete Valentin und wackelte mit seinen vielen Füßen.

Schorsch ärgerte sich. »Du bist ein Angeber.«

Valentin legte sich auf den Rücken, damit alle seine vielen Füße bewundern konnten. »Und wenn ich wachse, krieg ich noch mehr Füße!«, prahlte er.

Tausendfüßler besitzen ein starres Außenskelett, das nicht mitwächst. Sie müssen sich häuten, um zu wachsen. Nach jeder Häutung ist ihnen ein neuer Körperring gewachsen, also ein weiteres Segment, an dem sich Beine befinden. Dadurch bekommen sie mit jeder Häutung mehr Beine.

Schorsch hoffte, dass so etwas genauso einem Regenwurm passieren konnte. »Vielleicht wachsen mir ja auch noch ein paar Füße.«

Leider sagte Herr Günter: »Nein. Das ist unmöglich.«

Schorsch ließ den Kopf hängen.

»Aber es hat auch Vorteile«, behauptete Otto. »Du musst dir niemals die Füße waschen.«

Das tröstete den kleinen Regenwurm ein bisschen.

Monika kroch um den Tausendfüßler herum und bestaunte jeden einzelnen Fuß.

»So viele Füße hast du noch nie gesehen, stimmt's?«, fragte Valentin stolz. »Du darfst mich ruhig bewundern!«

Schorsch wollte auch bewundert werden. Wie gern hätte er von irgendetwas mehr als die anderen gehabt. Er seufzte. Bestimmt fand Monika einen Tausendfüßler viel toller als einen Ohnefüßler.

Herr Günter hingegen interessierte sich nicht groß für Füße, sondern vor allem für Grünzeug. Weil er nur Augen für einen besonders prächtigen Salatkopf hatte, der in einiger Entfernung im Beet wuchs, stolperte er und fiel der Länge nach hin.

»Haben Sie sich wehgetan?«, fragte Monika besorgt.

Herr Günter schüttelte den Kopf. »Mir ist nichts passiert«, versicherte er und klopfte sich den Schmutz von seinem grauweißen Gefieder. »Ich bin nur über meine eigenen Füße gestolpert.«

»Haha!«, rief Schorsch, und seine Laune wurde ein klein wenig besser. »Das kann mir nicht passieren.« Bestimmt stolperte jemand mit so vielen Füßen wie Valentin ständig.

Aber der Tausendfüßler schüttelte den Kopf. »Nö. Tausendfüßler wie ich stolpern überhaupt nie. Und deswegen bin ich besser als ihr.«

Tausendfüßler können nicht stolpern, weil sie ihre Beine nicht einzeln bewegen können. Die vielen Beine wandern immer in einer Welle von hinten nach vorn, und noch bevor die Welle vorn angekommen ist, geht es hinten schon wieder los. So kann ein Tausendfüßler schön gleichmäßig laufen.

Herr Günter verschluckte sich vor Ärger an einem Salatblatt. »Du bist überhaupt nicht besser als wir.«

»Wozu sind so viele Füße überhaupt gut?«, wollte Monika wissen. »Mit meinem Saugfuß kann ich mich festhalten.«

»Ich brauche meine Füße zum Paddeln«, erklärte Otto. Er spreizte seine Zehen und zeigte die Schwimmhäute dazwischen.

Valentin kratzte sich nachdenklich am Kopf. Er hatte keine Ahnung, warum er so viele Füße besaß.

Der kluge Herr Günter wusste es natürlich. Aber das wollte er diesem Angeber nicht verraten.

Monika guckte den Tausendfüßler erwartungsvoll an. Ganz sicher gab es einen wichtigen Grund für so viele Füße!

Viel hilft viel: Tausendfüßler brauchen ihre vielen Beine, um genug Kraft zu haben, in engen Erdspalten oder in dichten Laubschichten voranzukommen. Tausendfüßler sind außerdem sehr nützlich, denn sie fressen heruntergefallenes Laub und verwandeln es in Humuserde.

Valentin stotterte herum. »Ähm, die brauch ich … also, die brauch ich, ähm …« Und plötzlich fiel ihm eine gute Ausrede ein. Er behauptete: »Die brauche ich natürlich zum Fußballspielen. Ist ja klar.«

Schorsch wurde neidisch. Er spielte sehr gern Ball. Aber ohne Füße war das gar nicht so einfach. Vielleicht war Valentin wirklich besser als er!

»So ein Unsinn«, sagte da Herr Günter. »Das stimmt überhaupt nicht.«

»Doch!« Der Tausendfüßler nickte so eifrig, dass seine Fühler wippten. »Und deswegen gewinne ich immer.«

Otto zog ein ungläubiges Gesicht. »Niemand gewinnt immer.«

»Doch, ich!« Valentin trampelte mit all seinen Füßen auf den Boden. »Ich bin etwas Besonderes!«

Monika zuckte zusammen. Plötzlich bewunderte sie den trotzig stampfenden Tausendfüßler gar nicht mehr.

Der merkte nichts davon. Er plusterte sich auf und prahlte: »Ich bin der beste Fußballspieler auf der ganzen Welt! Und ich gewinne immer.«

»Das glaub ich nicht«, sagte Schorsch trotzig.

Valentin behauptete: »Ich würde sogar gegen euch alle zusammen gewinnen!«

»Das musst du erst mal beweisen«, brummte der Regenwurm.

»Dann lasst uns doch ein Fußballspiel machen!«, schlug der kluge Herr Günter vor. »Wir alle gegen dich!«

»Ich bin dabei«, rief Fischotter Otto, und Monika verkündete feierlich: »Wir vier sind die Gemüsebeet-Mannschaft.«

Schorsch zählte die Füße seiner Freunde. Es waren sieben. Würden sieben eine Chance gegen mehr als einhundert haben? Er glaubte fest daran. Zusammen konnten sie den eingebildeten Tausendfüßler besiegen. Und es würde noch dazu Spaß machen. »Juchhu!«, rief er fröhlich. »Wir spielen Fußball!«

Valentin guckte den Regenwurm spöttisch von oben bis unten an. »Ohne Füße kannst du überhaupt nicht Fußball spielen.«

Enttäuscht ließ der kleine Regenwurm den Kopf sinken.

An diesem Tag ging aber auch wirklich alles schief. Durfte er gar nicht mitmachen?

Zum Glück wusste Monika einen Ausweg: »Schorsch geht einfach für uns ins Tor!«

»Gute Idee«, fand Otto.

»Ja!«, rief Schorsch glücklich. »Ich werde alle Bälle fangen!«

»Gegen mich habt ihr keine Chance!«, behauptete Valentin. Er nahm eine runde Haselnuss und dribbelte sie vom ersten Fuß bis zum letzten und auf der anderen Seite wieder zurück.

»Haben wir doch!«, widersprach Herr Günter. »Weil wir zusammenhalten.«

Der Tausendfüßler lästerte: »Vier Nichtskönner können immer noch nichts. Ich brauche jedenfalls keinen Torwart. Ich gehe natürlich selbst ins Tor.«

Herr Günter steckte eine gebogene Astgabel in die Wiese und spannte darin ein verlassenes Spinnennetz auf. Das war das Tor. Schorsch kroch hinein und prüfte, ob er mit seinem Regenwurmschwanzspitzenzipfelchen in jede Ecke kam. »Prima«, freute er sich. »Das hat genau die richtige Größe für mich.«

Valentin drängte den Regenwurm zur Seite. Er wollte wissen, ob er

mit all seinen Beinen hineinpasste. »Für mich ist das Tor auch perfekt«, stellte er zufrieden fest.

»Dann solltet ihr euch abwechseln«, schlug Herr Günter vor.

Otto markierte die Ecken des Spielfelds mit Löwenzahnblüten. Herr Günter fraß sie auf und legte stattdessen weiße Kieselsteine hin.

In der Zwischenzeit suchte Monika nach einem Ball. Unter dem Kirschbaum lagen viele kugelrunde rote Kirschen. Sie stupste eine an, und sie kullerte davon. »Mit dem können wir kicken«, stellte Otto fest.

Monika schlug vor: »Wir sollten zur Sicherheit aber nicht nur einen Ball nehmen.« Gemeinsam rollten sie alle Kirschbälle, die auf der Wiese lagen, in die Ecke des Spielfelds.

Auf einem Ast über ihnen saß die Meise Mareike. Neugierig beobachtete sie das geschäftige Treiben. »Was macht ihr denn da?«, erkundigte sie sich.

Herr Günter erklärte: »Wir wollen ein Fußballspiel veranstalten. Wer die meisten Tore schießt, gewinnt. Wir brauchen nur noch jemanden, der pfeifen kann.«

»Ich kann pfeifen!«, versprach Mareike eifrig und ließ einen Triller ertönen.

»Prima«, sagte Schorsch. »Du machst den Anpfiff und bist der Schiedsrichter.«

Mareike riss ihre Knopfaugen auf und flatterte aufgeregt mit den Flügeln. »Hoffentlich mache ich das richtig!«

Als alle bereit waren, ließ sie einen sehr schönen und sehr lauten Triller ertönen. Das Spiel zwischen Tausendfüßler Valentin und der Gemüsebeet-Mannschaft konnte beginnen!

Monika durfte als Erste den Kirschball kicken. Sorgfältig peilte sie den Ball an und nahm im Schneckentempo Anlauf. Ganz langsam kroch sie vorwärts und wurde dabei von ihren Freunden angefeuert. »Monika vor! Schieß ein Tor!«

Valentin lehnte inzwischen gelangweilt im Tor. Er kaute auf einem welken Blatt herum, schlürfte Tautröpfchen, putzte seine vielen Füße und machte sich über Monika lustig. »Na? Triffst du den Ball noch, bevor es dunkel wird?«

Ihre Freunde bastelten in der Zwischenzeit aus Blütenblättern Fähnchen. Damit wollten sie der kleinen Schnecke Mut machen.

Endlich erreichte Monika keuchend den Ball. Sie zielte auf das Tor und gab der Kirsche einen kräftigen Tritt mit ihrem Saugfuß.

Leider flog der Kirschenball aber nicht los, sondern blieb an ihrem Fuß kleben. Der Tausendfüßler im Tor fiel vor Lachen auf den Rücken und strampelte mit den Beinen.

Die Schnecke versuchte, den Ball von ihrem Fuß abzuschütteln.

»Monika, du schaffst es!«, riefen ihre Freunde und schwenkten die bunten Fähnchen.

Aber der zähe Schneckenschleim zog Fäden und hielt den Kirschball fest. Monika blieb nichts anderes übrig, als ihn mühsam vorwärtszuschieben. Es dauerte eine ganze lange Weile, bis sie schnaufend das Tor erreichte. Dort wartete Valentin und tat so, also ob er gähnte. Mit einem Fuß hielt er sich den Mund zu, mit einem anderen kratzte er sich am Kopf, und gleichzeitig nahm er Monika mit einem dritten Fuß die Kirsche ab. Dafür musste er sich nicht einmal anstrengen. »Nicht getroffen!« Er kicherte.

Monika ließ traurig die Fühler hängen. »Das macht nichts«, tröstete Schorsch sie. »Wir haben noch zwei Chancen.«

Nun war Otto dran. Aber leider ist ein Fischotter nur

im Wasser flink. Auf dem Fußballfeld watschelte er ungeschickt herum. Zu allem Unglück rutschte er auch noch auf Monikas Schneckenschleim aus und schlitterte auf dem

Bauch über die Wiese. Auch diesmal fing Valentin den Ball ohne große Mühe auf.

Nun lagen alle Hoffnungen der Gemüsebeet-Mannschaft auf Herrn Günter. Der trat ein Stück zurück, kratzte sich am Kopf und dachte nach. »Diesmal müssen wir es mit Klugheit angehen«, erklärte er seinen Freunden. »Ich werde die Flugbahn berechnen.«

Er zeichnete auf dem Kiesweg einen komplizierten Plan für den Ball, mit Abschusspunkt, Flugbahn und Ziel.

Monika staunte. »Das sieht sehr gescheit aus!«

»Man muss nicht nur Füße haben, sondern auch Köpfchen«, erklärte der Gänserich. Er machte ein paar Kniebeugen, um sich aufzuwärmen. Dann suchte er sich eine besonders rote Kirsche und dribbelte mit ihr auf der Stelle.

»Wird das heute noch was?«, fragte Valentin. Inzwischen hing er verkehrt herum im Tor und schaukelte mit dem Kopf nach unten. Die Meise Mareike ließ den trillernden Anpfiff ertönen.

Herr Günter wackelte mit dem Gänsepo, um ordentlich Anlauf zu nehmen, und stürmte im Zickzack los. Mit dem

Schnabel stupste er die Kirsche vorwärts. Seine Freunde jubelten und schwenkten ihre Fähnchen. Sie waren sicher, dass der Plan des klugen Herrn Günter funktionierte. Er würde das ersehnte Tor für die Gemüsebeet-Mannschaft schießen!

Kraftvoll sprintete der große Gänserich auf das Tor zu. Dem Tausendfüßler wurde klar, dass er sich diesmal etwas mehr Mühe geben musste. Er flitzte von einer Ecke des Tores in die andere und streckte all seine Füße aus, um den Ball zu fangen. Aber als Herr Günter das Spinnennetztor erreichte, war der Fußball verschwunden.

»He!«, schimpfte Valentin. »Wo ist der hin?«

Die Schiedsrichter-Meise, die alles genau von oben beobachtet hatte, flatterte nach unten und sagte streng: »Machen Sie mal Ihren Schnabel auf, Herr Günter.«

Widerwillig öffnete er ihn. Herrn Günters Schnabel war leer. Aber von der Spitze tropfte roter Kirschsaft und bekleckerte seinen Bauch. Verlegen wischte er mit dem Flügel darüber. »Vielleicht war die Strecke für den Anlauf zu lang«, sagte er. »Ich habe unterwegs Hunger bekommen. Und da war diese köstliche Kirsche direkt vor meinem Schnabel.«

Enttäuscht ließen seine Freunde ihre Fähnchen sinken.

»Tut mir leid«, sagte Mareike. »Die Gemüsebeet-Mannschaft hat bisher kein einziges Tor geschossen.«

Der Tausendfüßler grinste. »Jetzt zeig ich euch mal, wie das geht.«

Nun sollte Schorsch der Torwart sein. »Keine Sorge«, versprach er seinen Freunden. »Ich werde alle Bälle halten.«

»Nur Mut!«, rief Otto, und Monika winkte mit ihren Fühlern, an die sie Fähnchen geklebt hatte. Herr Günter stopfte dem kleinen Regenwurm schnell noch ein saftiges Blatt in den Mund. »Als Stärkung!«, sagte er.

Zuversichtlich kroch Schorsch ins Tor und versuchte, in jeder Ecke gleichzeitig zu sein.

Vor ihm an der Schusslinie reihte Valentin eine Kirsche nach der anderen auf.

Dem kleinen Regenwurm wurde beim Zusehen etwas mulmig zumute. »Wieso liegen da so viele Bälle?«

»Für jeden Fuß einer«, verkündete der Tausendfüßler grinsend.

Der Anpfiff ertönte, und Valentin schoss die erste Kirsche. Die hatte so viel Schwung, dass sie Schorsch umwarf und ins Tor kullerte.

»Das war nur ein Testballon.« Valentin grinste. Im nächsten Moment prasselten unzählige Kirschen auf Schorsch ein. *Peng, peng, peng!* Der Tausendfüßler ballerte drauflos, in die Ecke, an die Latte, drüber und drunter. Der kleine Torwart hätte mit seinem Regenwurmschwanzspitzenzipfelchen überall zugleich sein müssen, um die Bälle zu halten.

Vergeblich pfiff Mareike von oben. Empört hüpfte sie dabei auf ihrem Ast herum und schimpfte: »Foul! Foul! Foul!«

»Wir durften nur einen Ball nehmen!«, regte sich Herr Günter auf.

Aber Valentin ließ sich nicht aufhalten, er schoss immer weiter auf das Tor.

»Das ist ungerecht!«, brüllte Schorsch, und eine Kirsche landete genau in seinem Mund.

Valentin verschoss mit seinen vielen Füßen mehr als einhundert rote Bälle! Als er fertig war, zappelte der Regenwurm im Spinnennetz. Er spuckte einen Kirschkern aus und schimpfte: »So ein Mist aber auch!« Auf seinem Kopf saß statt der grünen Kappe eine matschige Kirsche. Und vom Torpfosten tropfte roter Fruchtsaft.

»Ätsch!«, rief Valentin. »Ich hab die meisten Tore geschossen!«

Mareike beendete das Spiel mit einem trillernden Pfiff. »Das war Betrug!«, rief sie und flatterte schimpfend davon –

so sehr ärgerte sie sich über den Tausendfüßler, der sich nicht an die Regeln gehalten hatte.

Behutsam befreite Herr Günter den armen Schorsch aus dem Spinnennetz. Mit einem Moosschwamm wischte Monika die rote Kirschsoße von ihm ab. Fischotter Otto suchte die Kappe und wusch sie in der Regentonne. Bald sah Schorsch wieder rosafarben aus und trug auf dem Kopf seine nasse, aber saubere Kappe.

Trotzdem schniefte er enttäuscht. »Ich hab keinen einzigen Ball gehalten.«

Monika versuchte, ihn zu trösten. »Doch«, sagte sie, »Einen hast du mit dem Mund gefangen!«

Währenddessen trippelte Valentin um die anderen herum und sang: »Ihr habt trotzdem verloren! Ätsch, ätsch, ätsch!«

Die Freunde waren schrecklich enttäuscht. Ja, es stimmte. Sie hatten verloren. Aber sie hatten sich so angestrengt und sich sehr viel Mühe gegeben.

»Keine Füße, keine Tore! Ihr habt eben nichts! Haha!« Der Tausendfüßler Valentin hörte nicht auf, die anderen auszulachen. »Und ich hab von allem am allermeisten.«

»Keineswegs!«, sagte Herr Günter, der diese furchtbare Angeberei jetzt wirklich nicht mehr aushielt. »Die allermeisten Haare hast du nämlich nicht!«

Valentin hörte auf herumzutanzen und schaute verdutzt

> Fischotter haben ein extrem dichtes Fell, das sie vor Nässe und Kälte schützt. Die Fellhaare sind miteinander verhakt und schließen Luft dazwischen ein. So bleibt die Haut der Fischotter immer trocken und warm – sogar wenn sie unter Wasser sind.

an sich runter. Er besaß nur ein paar mickrige Borsten. Eilig drehte er sich herum, um seinen Rücken anzugucken. Aber auch da war nicht viel los.

Wie einen Zeigefinger hob Herr Günter eine Flügelspitze und erklärte: »Die allermeisten Haare hat nämlich Otto!«

»Wirklich?« Der Fischotter freute sich und striegelte sein Fell, bis es glänzte. Es gefiel ihm gut, dass er mehr Haare als der eingebildete Tausendfüßler besaß.

»Na gut«, sagte Valentin widerwillig. »Dann hat Otto eben einen dichteren Pelz. Aber bei allen anderen Sachen bin ich Sieger. Ich habe nämlich ganz viele Augen!«

Links und rechts von seinem Kopf saßen tatsächlich zahlreiche winzige Augen. Er zwinkerte mit allen zugleich und sagte wieder: »Ätsch!«

»Von wegen!« Herr Günter zeigte auf die Libelle LaBelle, die in diesem Moment vorbeischwebte.

»Sie ist wunderschön!«, seufzte Monika. »Wie eine Fee!« Die durchsichtigen Flügel ließen das Sonnenlicht hindurchscheinen. Ihr schlanker Körper schillerte blaugrün.

»Eine Libelle ist nicht nur besonders schön«, erklärte Herr Günter. »Sie hat auch viel mehr Augen als Valentin.«

Die Libelle setzte sich auf einen Grashalm und guckte den Tausendfüßler mit ihren großen, schönen Augen an. Er starrte zurück und entdeckte, dass jedes Auge wiederum aus unzähligen weiteren winzigen Augen bestand.

»Donnerwetter«, sagte Schorsch und grinste. »Das sind auf jeden Fall mehr Augen als bei dir, Valentin.«

Der Tausendfüßler zwinkerte nervös. »Na gut«, brummte er. »Dann hat Otto eben mehr Haare und LaBelle mehr Augen. Aber von allem anderen hab ich am meisten. Ätsch! Bätsch!« Wütend stampfte er mit all seinen Füßen auf.

»Ich glaube, das stimmt nicht«, sagte Monika plötzlich. »Wie viele Zähne hast du denn, Valentin?«

Er tastete mit einem seiner Füße im Mund herum. Weil der nichts fand, nahm er noch einen zweiten Fuß zu Hilfe. Aber immer noch konnte er keinen einzigen Zahn entdecken!

Wer hat wovon am meisten?

Haare: Fischotter
(bis zu 140 Millionen)

Augen: Libelle
(bis zu 30.000)

Füße: Tausendfüßler
(bis zu 1000)

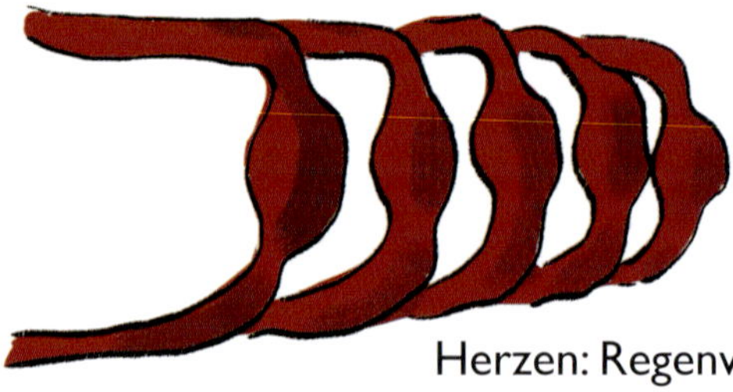

Herzen: Regenwurm (10)

Zähne: Schnirkelschnecke
(Tausende auf der Raspelzunge)

Gehirne: Kraken
(9 – eins im Kopf und in
jedem Arm ein weiteres)

Monika streckte ihre Zunge heraus. »Iff habe ganpf pfiele Raspelpfähnchen auf meiner Pfunge!« Damit konnte sie welke Blätter und Moos kleinraspeln.

»Monika hat recht!«, sagte Herr Günter. »Sie besitzt die allermeisten Zähne.«

»Na und?« Valentin wackelte voller Wut mit seinen Antennen. Doch noch wollte er sich nicht geschlagen geben. Angestrengt dachte er nach. Dann fiel sein Blick auf Schorsch, und er grinste. »Ich hab jedenfalls immer noch viel, viel mehr von allem als Schorsch!«

Der kleine Regenwurm ließ den Kopf hängen. Er hatte nur einen einzigen Ball halten können, und nun übertrumpfte ihn der Tausendfüßler schon wieder.

Aber da sagte der Gänserich: »Das stimmt überhaupt nicht. Ein Regenwurm hat nämlich von allen Tieren die meisten Herzen!«

Schorsch wurde so aufgeregt, dass seine vielen Herzchen ganz laut und schnell klopften. Er hatte wirklich die allermeisten Herzen – und zwar zehn Stück! Darüber ärgerte

Es gibt Tiere, die mehr als ein Herz haben. Ein Krake hat 3 Herzen und Regenwürmer gleich 10, die paarweise angeordnet sind. Diese 10 Seitenherzen pumpen das Blut durch den Körper des Wurms. Wenn es wärmer ist, schlagen die Regenwurmherzen schneller. Ist es kalt, dann schlagen sie langsamer.

sich Valentin so sehr, dass er Schorsch am liebsten die Zunge rausgestreckt und dabei »Bäh!« gerufen hätte. Leider besaß er keine Zunge. Deshalb hinterließ er bloß eine stinkende Pfütze. »Mit euch spiele ich nicht mehr!«, schimpfte er und verzog sich wieder unter seinen Stein.

Tausendfüßler wie der Feldschnurfüßer besitzen seitliche Drüsen, aus denen sie ein stinkendes, giftiges Sekret pressen können, um sich zu wehren.

»Puh!«, sagte Monika und fächelte sich mit ihren Fühlern Luft zu.

Schorsch kicherte. »So ein Stinker!«

»Bloß gut, dass Valentin wieder verschwunden ist«, fand Otto.

Und Herr Günter sagte: »Diese Prahlerei konnte man wirklich nicht aushalten!«

Die Freunde waren sich einig: Es machte überhaupt keinen Spaß, mit einem Angeber zu spielen, der immer »Ätsch« sagte und sich darüber freute, wenn die anderen verloren.

Allmählich ging die Sonne unter, und es wurde dämmerig und kühl im Garten. Otto fragte Herrn Günter: »Kommen Sie mit zum Gänseteich? Hier ist es mir auf Dauer zu trocken.«

Eigentlich war es für den Gänserich an der Zeit, heimzukehren. Aber er schüttelte den Kopf. »Nein, ich bleibe heute Nacht hier«, sagte er, und sie verabschiedeten sich von Otto. Der Fischotter kletterte geschickt am Zaun hoch und verschwand.

»Wollen wir zusammen noch ein Picknick machen?«, fragte Herr Günter seine Freunde. Er hatte nämlich ein bisschen Appetit und großen Hunger. Vor allem aber fand er, dass der stinkende Abgang des Tausendfüßlers kein schönes Ende für einen Tag war.

Er teilte ein Salatblatt in drei Stücke, zwei kleine und ein großes. Das war genau die richtige Menge für eine kleine Schnecke, einen Regenwurm und einen stattlichen Gänserich.

»Ich bin wirklich froh, dass wir nicht mehr vergleichen

müssen, wer mehr hat«, sagte Monika. Sie raspelte ihr Salatstück mit den allermeisten Zähnchen klein. Schorsch futterte fröhlich drauflos, und seine allermeisten Herzen pochten glücklich. Aber was war mit dem Gänserich?

Monika flüsterte Schorsch zu: »Ob Herr Günter traurig ist, weil er keinen Rekord hält?«

Der Regenwurm guckte zu seinem großen, stattlichen Freund. Eigentlich sah der nicht bekümmert aus. Er stopfte ein Blatt nach dem anderen in sich hinein. Und noch eins und noch eins und dann ganz viele.

Plötzlich rief Schorsch: »Ich weiß, wovon Herr Günter am allermeisten hat!«

Seine beiden Freunde hörten auf zu futtern. »Wirklich?«

Herr Günter dachte nach, aber er kam nicht darauf, was das sein sollte. »Wovon habe ich denn am allermeisten?«, wollte er neugierig wissen.

Schorsch kicherte. »Ist doch klar wie Tümpelbrühe! Sie haben die allermeisten Blätter im Bauch!«

Die drei Freunde mussten lachen, denn es stimmte wirklich.

»Was machen wir aber, wenn Valentin wiederkommt?«, fragte Monika plötzlich.

Schorsch hatte eine Idee. »Ich schimpfe ganz doll! Da rennt der gleich auf seinen hundert Angeberbeinen weg.«

Doch Herr Günter fand: »Wir könnten ihm auch sagen,

dass wir Angeberei nicht mögen.« Ihm war nämlich eingefallen, dass er manchmal ebenfalls mit seinem Wissen angab.

»Sie haben recht.« Monika nickte. »Eine zweite Chance verdient jeder.«

»Und wenn das nichts nutzt, kann ich immer noch schimpfen!«, sagte Schorsch zufrieden. »So ein Mist aber auch!«

Alle drei mussten lachen.

Nun, wo sie wieder gute Laune hatten, störte eigentlich nur noch das stinkende Pfützchen von Valentin. Gemeinsam schaufelten drei Füße und ein Regenwurmschwanzspitzenzipfelchen Sand vom Kiesweg darüber. Und endlich war von dem ganzen Ärger nichts mehr zu sehen und zu riechen.

4.

Achtung, giftig!

Welches sind die giftigsten Tiere der Welt?

Die kleine Schnecke Monika starrte gebannt unter die Brombeerhecke.

»Was ist denn da?«, fragte Schorsch.

»Da liegt etwas!«, flüsterte sie.

Unter den Blättern der Hecke lugte ein seltsames Dingsda hervor. Es war lang, dünn, gebogen und bewegte sich.

»Ist das vielleicht gefährlich?«, fragte Monika und zog ängstlich ihre Fühler ein.

Schorsch guckte genauer hin. »Das ist bloß ein Regenwurmschwanzspitzenzipfelchen«, behauptete er.

Monika schnaufte erleichtert auf. »Ach, dann ist das bestimmt dein Opa!«

»Meinst du?« Der kleine Regenwurm legte sein eigenes Schwanzende neben das fremde. Schorschs Haut sah glatt und rosa aus. Das andere Schwanzende war dunkel und schuppig. Nachdenklich kratzte sich der Regenwurm am Kopf. »Komisch«, sagte er. »Gestern sah mein Opa noch nicht so schrumpelig aus.«

Monika suchte nach einer Erklärung. »Vielleicht ist er über Nacht ganz alt geworden?«

Schorsch tippte das lange, dünne Schwänzchen an und fragte: »Opa? Bist du das?«

Das Schwänzchen zuckte zusammen, wackelte, und plötzlich kam sein anderes Ende unter der Hecke hervor.

Große rotbraune Augen starrten die beiden an. Sie gehörten zu einer Schlange mit Zickzackmuster. »Seh ich vielleicht aus wie ein Opa?«, fragte sie entrüstet.

»Nö«, sagte Schorsch und musste kichern.

Es war nämlich eine sehr kleine, junge Schlange. Sie hieß Susi und wohnte auf der Gänseteichwiese. Schon lange wollte sie wissen, was sich auf der anderen Seite hinter dem Zaun verbarg. »Heute hab ich mich getraut und bin durch ein Astloch im Zaun gekrochen«, berichtete sie stolz.

»Wie mutig du bist!«, lobte Monika die kleine Schlange und erklärte ihr den Garten. »Da steht der Kirschbaum. Dort drüben wächst die Haselnuss. Hinten ist der Komposthaufen …«

> Kreuzotterweibchen brüten ihre Eier im Bauch aus, die dünne Eihülle reißt bei der Geburt. Die Schlangenbabys sind sofort selbstständig, können wegkriechen und sich bei Gefahr mit Zischen oder Beißen wehren.

Schorsch unterbrach sie. »Aber da wachsen Brennnesseln, da würde ich nicht hinkriechen.« Bei dem Gedanken an die pikenden Stacheln musste er sich schütteln.

»Und hier ist das Gemüsebeet.« Monika zeigte mit einem Fühler auf die prächtigen Salatköpfe. »Dort machen wir immer Picknick.«

Susi guckte sich neugierig um und schlängelte durch das Gras. Schorsch kroch ihr begeistert hinterher. »Du siehst genauso aus wie ich!«

Die kleine Schlange ringelte sich um Schorsch herum und nickte fröhlich. »Stimmt! Endlich jemand von meiner Sorte!«

»Wollen wir zusammen spielen?«, fragte Monika.

Glücklich wippte Susi mit ihrem Kopf auf und ab. Sie freute sich sehr, dass sie in diesem fremden Garten gleich Freunde gefunden hatte. Doch bevor sie mit einem Spiel beginnen konnten, landete mit Geschnatter und Geflatter der Graugänserich Herr Günter neben ihnen.

Monika strahlte ihn zur Begrüßung an. »Wir haben eine neue Freundin!«, erklärte sie fröhlich.

Und Schorsch sagte: »Wir wollen was Lustiges spielen.«

Aber Herr Günter hatte nur Augen für den Salat. »Jaja, viel Spaß«, murmelte er und schmatzte dabei. Schließlich hatte er die ganze lange Nacht nichts gegessen, und jetzt brauchte er erst einmal eine Stärkung. Er verputzte einen ganzen Salatkopf und wollte sich zum Nachtisch eine Löwenzahnblüte von der Wiese holen. Dabei entdeckte er die kleine Schlange. Vor Schreck verschluckte sich der Gänserich.

»Huch!«, rief er erschrocken und ruderte mit den Flügeln zurück. »Eine Kreuzotter!«

»Quark mit Quatschsoße«, sagte Schorsch. »Das ist bloß die Susi!«

»Sie sieht aus wie Schorsch«, fand Monika. »Bestimmt ist Susi seine Cousine.«

»So ein Unsinn!«, rief Herr Günter und beobachtete die Schlange misstrauisch. »Die beiden sind doch nicht verwandt.«

»Dann putzen Sie mal Ihre Brille«, meckerte Schorsch. »Sehen Sie nicht die Ähnlichkeit?«

Der kleine Regenwurm und die junge Schlange legten ihre Köpfe aneinander und strahlten Herrn Günter an.

»Alle beide haben keine Ohren und keine Nase!«, stellte Monika fest.

»Keineswegs«, behauptete der Gänserich. »Susi besitzt sowohl Ohren als auch eine Nase.«

Susi drehte sich einmal um sich selbst. Dabei suchte sie nach ihren Ohren und der Nase und konnte nichts finden.

Schorsch tastete in ihrem Gesicht herum. Plötzlich fand er auf der einen Seite ein seltsames Löchlein. Und auf der anderen Seite entdeckte er noch eins. »Komisch«, murmelte er und bohrte mit seinem Regenwurmschwanzspitzenzipfelchen hinein.

»Hatschi!«, machte Susi, und Monika sagte: »Gesundheit!«

Herr Günter zog ein wichtiges Gesicht und erklärte: »Das sind Susis Nasenlöcher.«

»Iiiih!« Schorsch wischte sein Regenwurmschwanzspitzenzipfelchen gründlich im Gras ab. »Ich habe in Susis Nase gepopelt!« Er schüttelte sich ein bisschen.

Monika kroch ganz nah an die Schlange heran und be-

trachtete sie. »Und wo sind die Ohren?«
Sie konnte nirgends welche entdecken.

Schlangen haben Nasenlöcher, aber mit ihrer gespaltenen Zunge können sie viel besser riechen und erkennen, aus welcher Richtung ein Geruch kommt. Sie haben innen liegende Ohren ohne Ohrmuschel. Wenn sie ihren Kopf auf den Boden legen, nehmen sie damit kleinste Erschütterungen wahr, so ähnlich wie wir Schallwellen hören können. Schlangen sind auf diese Weise sogar in der Lage, Musik wahrzunehmen.

»Die sind im Inneren versteckt«, behauptete Herr Günter.

»Aha«, sagte Schorsch. »Vielleicht hab ich ja auch versteckte Ohren.«

Susi wollte helfen, diese zu finden, und streckte ihre gespaltene Zunge heraus. Damit züngelte sie über seinen Kopf. Schorsch musste kichern. »Das kitzelt!«

»Du riechst nach frischer Erde!«, stellte Susi fest und hob Schorschs Kappe an. Monika guckte drunter. Sie entdeckte ein paar winzige Borsten, aber keine Ohren, auch keine versteckten.

Herr Günter erklärte, dass sich Susi und Schorsch nur von außen ähnelten. »Innen drin seid ihr sehr verschieden, denn eine Schlange hat Knochen und ein Regenwurm nicht.«

»Das ist ungerecht«, beschwerte sich Schorsch.

Monika betrachtete Susis Schlangenbauch genau. Aber der war nicht durchsichtig, und sie konnte nicht hineingucken. Waren da wirklich Knochen drunter? Prüfend klopfte Schorsch mit seinem Regenwurmschwanzspitzenzipfelchen gegen den Kopf der Schlange. Er fühlte sich hart an und klang so: *Poch, poch, poch!* Dann klopfte Schorsch an seinen eigenen Kopf. Der war ganz weich und machte nur leise *Blubb, blubb, blubb.*

So sehen die Knochen einer Schlange aus:

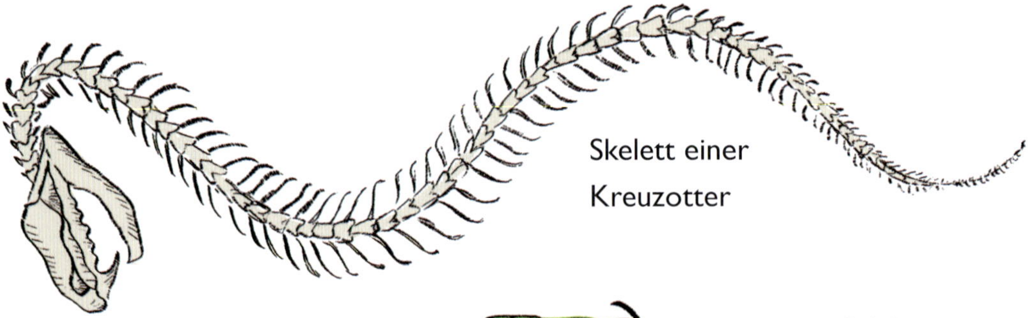

Giftzähne: Kreuzottern haben auf jeder Seite im Maul einen großen Giftzahn. Mit diesem Gift können sie Beutetiere lähmen, auf die sie Jagd machen.

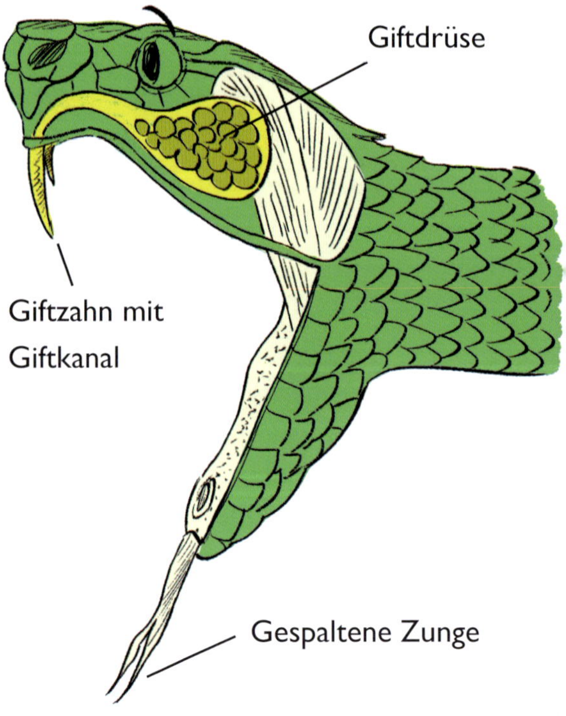

»Ihr klingt sehr verschieden«, stellte Monika fest.

»Susi ist eben kein Wurm, sondern eine Schlange«, erklärte Herr Günter und hob warnend seine Flügelspitze. »Noch dazu eine Kreuzotter. Und die hat Giftzähne.«

»Giftige Giftzähne?«, quiekte die Schnecke erschrocken. »Sind die vielleicht gefährlich?«

Herr Günter nickte. Er beschrieb der entsetzten Monika, wie es ihr nach dem Biss einer Kreuzotter ergehen würde: »Zuerst wird dir schrecklich schlecht, und du musst spucken. Dann wird dir schwindelig, und du bekommst furchtbare Bauchschmerzen. Ein kleines Tier wie du könnte durch einen solchen Biss sogar sterben!«

Entsetzt riss die kleine Schnecke ihre Augen auf. Sie lebte wirklich sehr gern auf der Welt und wollte kein bisschen sterben.

»Ssssooo giftig bin ich gar nicht«, behauptete die Kreuzotter. »Da sind andere viel schlimmer.«

»Noch schlimmer?«, flüsterte Monika, und ihre Fühler zitterten.

Herr Günter musste zugeben, dass es noch viel giftigere Tiere auf der Welt gab.

»Keine Angst!« Susi beruhigte ihre Freunde. »Euch würde ich niemals beißen«, versprach sie. »Ich hebe mein Gift auf.«

Die giftigsten Tiere der Welt

Das Gift eines einzigen Inlandtaipans
könnte 230 Menschen töten.

Das Gift eines einzigen
Kugelfisches könnte
30 Menschen töten.

Das Gift eines einzigen
Schrecklichen Pfeilgiftfrosches
könnte 12 Menschen töten.

Das Gift eines einzigen Blaugeringelten
Kraken könnte 26 Menschen töten.

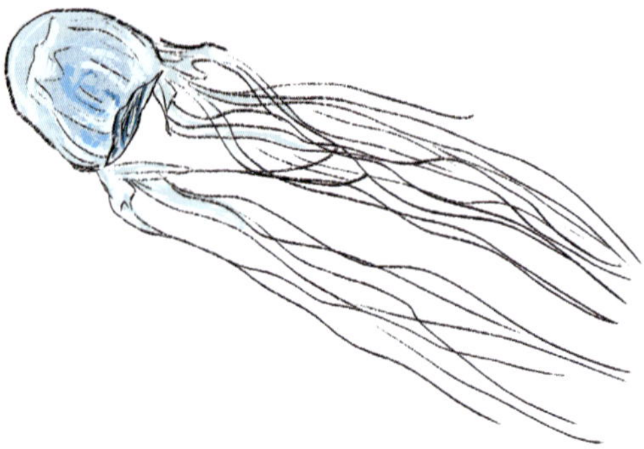

Das Gift einer einzigen
Seewespe (Qualle) könnte
250 Menschen töten.

Schorsch setzte seine Kappe wieder auf. »Und wofür?«, wollte er wissen.

»Für Futter und Feinde«, erklärte die Kreuzotter. »Und ihr seid keins von beidem.«

»Sehen Sie, Herr Günter!«, rief Schorsch fröhlich. »Sie müssen sich gar keine Sorgen machen, wenn wir mit Susi spielen.«

Nun fürchtete sich auch Monika nicht mehr. Susi war doch so nett! Nur Herr Günter runzelte noch immer die Stirn und hielt Abstand zu der Kreuzotter. »Sie ist dennoch giftig«, murmelte er vor sich hin.

Der Gänserich watschelte zur Seite und beobachtete misstrauisch, wie die anderen drei Haselnüsse für ein Wurfspiel aufsammelten und dabei fröhlich lachten. Nachdenklich kratzte er sich am Kopf. Konnte eine giftige Schlange wie Susi wirklich nett und harmlos sein? Oder verstellte sie sich nur?

Herr Günter beschloss, Susi nicht aus den Augen zu lassen. Und es schien, als wäre das auch besser so … denn plötzlich riss Susi ihren Mund schrecklich weit auf. Wollte sie etwa Monika und Schorsch verschlingen?

»Halt!«, schrie der Gänserich und sprang dazwischen, um seine Freunde zu beschützen. Eine Haselnuss traf ihn am Bauch.

Kreuzottern können ihr Maul sehr weit aufreißen und sogar ihren Unterkiefer aushaken. Dadurch bekommen sie ihr Maul noch weiter auf, um ihre Beutetiere im Ganzen zu verschlingen. Das ist wichtig, weil Kreuzottern nicht kauen können.

»Jetzt haben Sie meinen Wurf verpatzt«, meckerte Schorsch.

»Das ist doch nur ein Spiel«, erklärte Monika. »Wir müssen in Susis Maul treffen!«

»Genau!« Der Regenwurm holte sich eine neue Nuss. »Gehen Sie mal aus der Schusslinie, Herr Günter.«

Verdutzt rückte der Gänserich ein Stück zu Seite. Susi riss wieder ihr Maul auf, und Schorsch zielte. »Getroffen!«

Die Nuss war genau in Susis großem Maul gelandet.

»Sie sind viel zu misstrauisch, Herr Günter«, sagte Monika. »Susi ist wirklich lieb.«

Der Gänserich seufzte. Vielleicht hatte die kleine Schnecke ja recht. Aber was, wenn nicht? Besorgt watschelte er zurück ins Gemüsebeet.

Plötzlich kam eine Amsel angeflattert und pickte nach Schorsch, der sich auf der Erde ringelte. Die Kreuzotter Susi richtete sich auf, riss ihr Maul weit auf und fauchte: »Zisch ab, das ist mein Freund!« Erschrocken flatterte die Amsel davon und wagte sich nicht einmal mehr in die Nähe.

»Haha!«, rief Schorsch. »Bloß gut, dass du so eine Großklappe bist, Susi!«

Auch Monika fand das beruhigend. »Mit einer giftigen Freundin kann uns nie mehr etwas Schlimmes passieren!«

Nun glaubte auch Herr Günter endlich, dass Susi wirklich nett und überhaupt nicht hinterlistig war. Wer sich wehrte und andere verteidigte, war nicht böse, sondern sehr mutig. »Vielen Dank, Susi, dass du meine Freunde beschützt hast!«, sagte er.

Die Kreuzotter lächelte verlegen, und die Schuppen an ihrem Kopf färbten sich rosa. »Spielen Sie auch mit?«, fragte Susi.

Herr Günter überlegte kurz und sagte: »Also gut. Meinetwegen.«

Monika freute sich. Zusammen machte ein lustiges Spiel viel mehr Spaß.

»Diesmal spielen wir Wettkullern!«, schlug Susi vor.

»Aber nicht mit langweiligen Nüssen!«, rief Schorsch. »Diesmal kullern wir selbst!« Sie guckten sich nach einer abschüssigen Stelle im Garten um.

Die Wiese war wellig, und es gab sogar einen kleinen Hügel neben dem Komposthaufen. Von dem wollten sie sich herunterrollen. Fröhlich krochen Monika, Susi und Schorsch dorthin.

Herr Günter watschelte zweifelnd hinterher. »Wie soll das gehen?«, fragte er. »Wir sind doch keine Murmeln.«

»Wir müssen uns natürlich zu einer Kugel zusammenballen«, erklärte Susi.

»Das ist leicht!« Monika kroch in ihr Schneckenhäuschen,

und Schorsch schubste es an. Das Häuschen kullerte den Hügel hinab und blieb unten im Gras liegen. Monika kroch schwankend heraus.

»Ui! Mir ist schwindelig.«

Nun kamen Schorsch und Susi an die Reihe. Sie verknoteten sich zu einem Klumpen und rollten lachend und kreischend los.

»Jetzt sind Sie dran«, rief Susi atemlos, als sie unten angekommen waren.

Herr Günter trippelte unschlüssig hin und her. »Ein Gänserich wie ich kann nicht rollen«, sagte er. Und das stimmte vermutlich. Er hatte ja überall Ecken und Kanten, einen Schnabel und Flügel und breite Gänseflossen. »Ich mache lieber nicht mit«, sagte er deshalb und futterte einen Löwenzahn.

Die anderen krochen den Hügel wieder herauf und rollten hinab. Das machten sie noch ein paarmal, aber ohne den Gänserich war das neue Spiel nur der halbe Spaß.

»Wie könnte Herr Günter bloß rund wie eine Kugel werden?«, überlegte Monika.

Der Gänserich fraß ein Breitwegerichblatt und danach Sauerklee. Und plötzlich wusste Schorsch die Lösung: »Mehr futtern natürlich!«

Das ließ sich Herr Günter nicht zweimal sagen. Dieses Spiel gefiel ihm wirklich sehr gut! Er stopfte einen Salatkopf nach dem anderen in sich hinein und dazu Gänseblümchen, Löwenzahn, Huflattich, Gräser und alles, was ihm vor den Schnabel kam.

Irgendwann stöhnte er: »Ich kann nicht mehr!« Er konnte kaum noch laufen und guckte an sich herunter. Sein Bauch war kugelrund wie ein Ball, und er sah seine Gänsefüße nicht mehr.

»Hören Sie lieber auf«, sagte Susi besorgt. »Sonst platzen Sie noch.«

Monika kroch um Herrn Günter herum und lobte ihn: »Das haben Sie prima gemacht. Jetzt können Sie auch rollen.«

»Auf ins Vergnügen!«, jubelte Schorsch und stürzte sich wieder den Hügel hinunter. Monika und Susi folgten ihm fröhlich jauchzend. »Wer am schnellsten unten ist!«

Der Gänserich stand auf dem Hügel und sah zu ihnen hinab.

»Nur Mut! Es macht solchen Spaß!«, rief Monika ihm zu und winkte mit den Fühlern.

»Also gut«, sagte der Gänserich. Er versteckte seinen Schnabel im Gefieder, zog die Gänseflossen ein, wackelte mit dem Bürzel, um Schwung zu holen, und kullerte den Hügel herunter.

»Es funktioniert!«, rief Schorsch begeistert.

Der riesige Herr-Günter-Ball bewegte sich zuerst langsam, dann immer schneller und schneller und rollte schließlich in rasendem Tempo auf die wartenden Freunde zu. Monika kroch vor Schreck in ihr Häuschen.

Susi schrie: »Bremsen!«

»Ein Gänserich hat keine Bremse!«, brüllte Herr Günter. Er sauste nach unten und versetzte Schorsch einen so starken Schubs, dass der hoch in die Luft katapultiert wurde. Beinahe wäre der kleine Regenwurm über den Zaun geflogen und davongeschossen. Aber zum Glück streckte sich da Susi blitzschnell in die Länge und erwischte Schorsch noch am Regenwurmschwanzspitzenzipfelchen.

Benommen rappelte sich Herr Günter auf und klopfte sein Gefieder sauber. Monika kam aus ihrem Häuschen heraus. Schorsch grinste und sagte: »Puh! Noch mal Glück gehabt!«

Alle waren sehr erleichtert. Wenn der kleine Regenwurm auf die große Gänseteichwiese geflogen wäre, hätten sie ihn wohl niemals wiedergefunden.

Herr Günter begriff zuerst, dass sie vielleicht doch kein Glück gehabt hatten. Denn Susi hatte Schorschs Regenwurmschwanzspitzenzipfelchen in ihrem Maul. Und in diesem Maul befanden sich die sehr giftigen Giftzähne.

»Du hast nach Schorsch geschnappt!«, rief der Gänserich entsetzt.

»Jawohl!«, erklärte Susi stolz. »Ich habe ihn gerettet.«

»Auweia«, sagte Monika, und ihre Fühler zitterten vor Schreck. »Hast du ihn etwa aus Versehen gebissen?«

Susi ließ den Regenwurm fallen. »Ich weiß es nicht«,

jammerte sie und stotterte herum. »Vielleicht … Aber nur aus Versehen … Und nur vielleicht.«

Schorsch wurde vor Schreck blass.

»Oh nein«, rief Monika. »Er sieht ganz blass aus!«

Sie dachte an all die schlimmen Sachen, die bei einem Schlangenbiss passieren konnten. »Ist dir vielleicht schlecht?«, fragte sie besorgt.

Schorsch horchte in sich hinein und nickte.

»Ist dir etwa auch schwindelig?«, fragte Monika weiter.

»Ja«, sagte Schorsch kleinlaut. Er hatte plötzlich schreckliche Angst und musste spucken.

»Hast du Bauchschmerzen?«, fragte Herr Günter besorgt und legte sein Ohr auf Schorschs Bauch. Darin grummelte und rumorte es. »Das klingt nicht gut«, sagte er.

Susi begann zu weinen. »Aber das wollte ich doch nicht! Was machen wir nur?«

Monika fuhr hektisch ihre Fühler ein und wieder aus. »Ich sabbere Schneckenschleim auf den Schlangenbiss!«, schlug sie vor. »Schneckenschleim hilft immer.«

Susi riss einen langen Grashalm ab. »Oder wir binden

das Regenwurmschwanzspitzenzipfelchen ab, damit das Gift nicht in seinen Kopf wandert?«

»Oder ich sauge mit meinem Saugfuß das Gift heraus!«, überlegte Monika weiter.

»Am besten machen wir alles gleichzeitig!«, rief Susi.

»Nein!«, sagte Herr Günter. »Auf keinen Fall sollten wir die Wunde berühren. Das würde alles nur noch schlimmer machen.«

Hilfe, ein Schlangenbiss!
Was ist zu tun? Ruhe bewahren! Du darfst die gebissene Stelle nicht bewegen und musst die Wunde in Ruhe lassen. Nicht aussaugen, auswaschen oder abbinden. Geh rasch in ein Krankenhaus oder eine Arztpraxis oder wähl die Notrufnummer 112.

»Noch schlimmer?«, fragte Monika entsetzt.

Herr Günter dachte angestrengt nach. Schorsch krümmte sich und stöhnte. Da traf der gelehrte Gänserich eine schwere Entscheidung. »Wir müssen jemanden fragen, der in diesem Fall besser Bescheid weiß als ich.«

Monika guckte ihn erstaunt an. »Aber ich dachte, Sie wären der Klügste hier weit und breit?«

Verlegen gab Herr Günter zu: »Es könnte sein, dass der Uhu Ullrich ein klitzekleines bisschen mehr weiß als ich.« Schnell fügte er hinzu: »Aber nur weil er viel älter ist und mehr Zeit zum Lernen hatte.«

Sie beschlossen, einen Krankentransportflug zu dem ein klitzekleines bisschen klügeren Uhu zu machen. Der arme Regenwurm war inzwischen so blass wie die Gänseblümchen, zwischen denen er lag.

»Halte durch, mein lieber Schorsch!«, rief Monika und streichelte ihren Freund mit den Fühlern.

Susi weinte dicke Schlangentränen und war untröstlich. »Das hab ich nicht gewollt«, sagte sie immer wieder.

Herr Günter legte ein Breitwegerichblatt über zwei kleine Zweige und band Schorsch wie auf einer Trage darauf fest.

»Schnell, schnell«, drängte er. »Wir müssen starten, bevor es zu spät ist.«

»Ich komme mit!«, rief Monika und saugte sich auf dem Gänsefuß fest. Ihren allerliebsten Lieblingsregenwurm würde sie in dieser höchsten Not auf keinen Fall alleinlassen.

»Ich komme auch mit!«, rief Susi.

Herr Günter packte die Krankentrage mit seinem Schnabel. Dann rannte er mit wackelndem Bürzel über die Startbahn, nahm Anlauf und hob ab. Jede Minute zählte!

Der Rettungsflug führte zum Waldrand hinter der Gänseteichwiese. Dort wohnte in einer hohen Eiche der weise Uhu Ullrich.

Für einen Gänserich war es nahezu unmöglich, in einem Baumwipfel zu landen, denn seine breiten Flossen konnten zwar durch Wasser paddeln, sich aber nicht an einem Ast festkrallen. Immer wieder kreiste Herr Günter deshalb über der Eiche. Schließlich ließ er sich einfach auf das große Nest fallen, das oben in einer Astgabel klemmte.

In diesem Nest schlief gerade tief und fest der Uhu. Denn für eine Eule ist der Tag die Nacht, und die Nacht ist der Tag.

Uhu Ullrich wurde durch den Aufprall unsanft geweckt. Er blinzelte, öffnete seine Augen einen schmalen Spalt und schimpfte: »Was soll diese unerhörte Störung!« Mit einem kräftigen Flügelschlag schubste er den Gänserich zur Seite. »Meine Güte, sind Sie schwer!«

Herr Günter setzte behutsam die Trage mit dem kranken Schorsch ab. »Das liegt daran, dass ich mich in eine Kugel verwandeln sollte«, erklärte er. »Nur deshalb bin ich zu schnell gerollt, und dann ist der Regenwurm weggeflogen, und die Schlange hat ihn gebissen.«

Uhu Ullrich richtete seine spitzen Federohren auf. »Interessant!« Seine riesigen gelben Augen betrachteten den gefiederten Besucher aufmerksam. Er entdeckte die Schnecke, die auf dem linken Gänsefuß klebte, und die Schlange, die sich um das rechte Gänsebein geknotet hatte. »Sehr interessant«, sagte er noch einmal.

Die Freunde begannen nun, aufgeregt durcheinanderzureden, und Uhu Ullrich konnte nur einzelne Worte verstehen:

»Hilfe!«

»Medizin!«

»Rettung!«

»Ich verstehe«, sagte der Uhu. »Ihr braucht ein Beruhigungsmittel!«

»Nein, nein!«, rief Monika und schluchzte. »Mein allerliebster Lieblingsregenwurm ist ganz schlimm krank.«

»Und ich bin schuld«, jammerte Susi.

Der Gänserich erklärte: »Die Kreuzotter hat ihn gebissen.«

»Aber nur aus Versehen«, sagte Susi und hob ihr Kreuzotterschwanzspitzenzipfelchen zum Schwur, damit ihr auch alle glaubten.

Uhu Ullrich warf einen ernsten Blick auf Schorsch, und seine Federohren wackelten besorgt. »Bei so einem kleinen Tier ist ein Schlangenbiss eine gefährliche Sache.«

»Ich wusste es!«, rief Monika verzweifelt, und Schorsch stöhnte.

Ullrich erklärte: »Ich werde den Patienten untersuchen.« Er kniff ein Auge zu und riss das andere weit auf. Damit beäugte er Schorsch von oben, von unten und von allen Seiten. »Mach mal Aaaah!«, forderte er schließlich.

Schorsch wollte gehorchen, aber er brachte nur ein leises Krächzen heraus. Uhu Ullrich guckte ihm in den Hals und sagte ratlos: »Das ist ein schwieriger Fall.«

Monika schluchzte. »Gibt es denn gar keine Rettung?«

Herr Günter machte einen verzweifelten Schnatterer. Schorsch kniff die Augen zu.

»Hm«, sagte der Uhu. »Ich kann einfach keine Wunde finden.«

Herr Günter rückte seine Brille zurecht und guckte sich den Kranken ebenfalls ganz genau an. »Das ist wirklich merkwürdig«, stellte er fest. »Ich sehe auch keine Verletzung.«

»Hä?«, machte Schorsch und rappelte sich auf. Er fühlte sich schon ein klitzekleines bisschen besser.

Susi sollte nun zeigen, wie sie nach dem Regenwurm geschnappt hatte. Die Kreuzotter führte es vor, indem sie in die Luft biss.

»Halt!«, rief Ullrich, und Susi erstarrte.

»Jetzt ist die Sache klar«, sagte Herr Günter, und Ullrich nickte. »Das denke ich auch, Herr Kollege.«

Monika kroch näher heran und guckte in das Schlangenmaul, das nur ein klein wenig geöffnet war.

»Sie hat die Zähne nicht ausgeklappt«, erklärte der Uhu. »Es ist überhaupt nichts passiert.«

Die Giftzähne einer Kreuzotter

Die Giftzähne können wie ein Taschenmesser blitzschnell ein- und ausgeklappt werden.

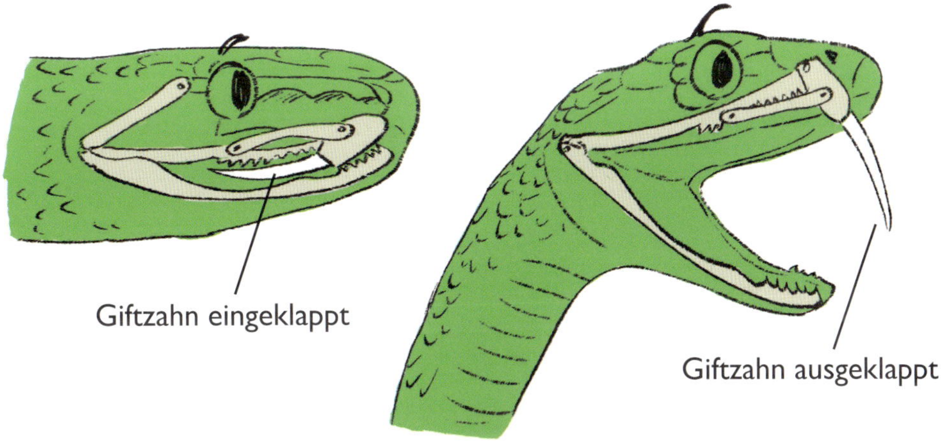

Schorsch richtete sich auf und fragte verdutzt: »Es ist nichts passiert?«

»Gar nichts«, bestätigte Herr Günter.

Susi weinte schon wieder, aber diesmal vor Freude. Monika drückte ihrem allerbesten Freund einen schmatzenden Kuss auf den Kopf. »So ein Glück! Du bist nicht vergiftet!«

»Aber … aber mir war schwindelig!« Schorsch wunderte sich. »Und schlecht war mir auch, und ich musste spucken!«

»Ich vermute«, sagte Herr Günter, »du bist einfach zu oft und zu wild den Hügel hinuntergerollt.«

Schorsch kratzte sich am Kopf. Inzwischen besaß er wieder seine ganz normale rosa Regenwurmhautfarbe. »Aber ich hatte schreckliches Bauchweh«, sagte er.

»Das kam sicher daher, dass du so schreckliche Angst hattest«, erklärte Uhu Ullrich freundlich. »Und nun lasst mich weiterschlafen, bis die Sonne untergeht.«

Die Freunde bedankten sich bei dem weisen Vogel für seine Hilfe und riefen: »Auf Wiedersehn!«

Diesmal musste der kleine Regenwurm nicht auf der Trage zurückgebracht werden. Er knotete sich um das freie Gänsebein und freute sich wie verrückt auf seinen Wohngang. Herr Günter ließ sich aus der Baumkrone fallen, flatterte mit den Flügeln, und dann segelten sie über die Gänseteichwiese, zurück nach Hause.

Im Garten verabschiedete sich Susi. »Ich krieche zurück auf die andere Seite des Zauns.«

»Kommst du morgen noch mal?«, fragte Schorsch.

»Ja!«, bat Monika. »Wir wollen wieder mit dir spielen!«

Aber Susi schüttelte den Kopf. »Lieber nicht«, sagte sie. »Ich habe Angst, dass ich beim Herumtoben aus Versehen meine Giftzähne ausklappe.«

»Oh!« Monika erschrak. »Das wäre sehr gefährlich!«

»Stimmt«, sagte Schorsch. »Ich will nicht schon wieder sterben.«

Wie gern hätte Monika mit ihrer neuen Freundin zum Abschied noch einmal gekuschelt.

»Besser nicht«, sagte Herr Günter und hob warnend seine Flügelspitze.

Monika und Schorsch mussten schweren Herzens einsehen, dass man nicht mit jedem Tier kuscheln konnte, besonders wenn es giftige Giftzähne hatte.

Die Freunde guckten zu, wie Susi durch das Astloch im Zaun kroch. Als sie auf der anderen Seite war, steckte sie noch einmal ihr Kreuzotterschwanzspitzenzipfelchen hindurch. Sie winkte ihnen ein letztes Mal zu, und dann war sie im hohen Gras der Gänseteichwiese verschwunden.

»Wir haben wirklich großes Glück gehabt«, sagte Herr Günter.

Monika nickte. »Ich bin so froh, dass alles gut gegangen ist.«

»Und ich erst!«, rief Schorsch. Er warf sich der Länge nach auf die Erde. »Ich dachte, ich sehe unser Gemüsebeet nie wieder! Kommt in meine Arme, ihr lieben Erdkrümel!«

Herr Günter holte tief Luft. Eigentlich wollte er sagen: »Ein Regenwurm hat keine Arme!« Aber dann kniff er den Schnabel zusammen und schluckte die Worte herunter. Stattdessen sagte er: »Du hast recht, Schorsch. Wir sollten uns alle umarmen!«

Und dann hielten die drei Freunde einander ganz fest, denn das geht auch mit Flügeln, Regenwurmschwanzspitzenzipfelchen und Fühlern.

INHALT

SCHLAUBERGERVORTRAG VON HERRN GÜNTER

FELDSCHNURFÜẞER

Was sind Feldschnurfüßer?
Feldschnurfüßer sind Tausendfüßler und gehören zu den Gliedertieren. Sie haben Fühler, viele winzige Augen und einen wurmförmigen, schwarz glänzenden Körper, der aus vielen Körperringen besteht. An jedem Ring wächst jeweils ein Beinpaar. Ihr Körper wird wie bei Insekten von einem festen Außenskelett geschützt.

Wo leben Feldschnurfüßer, und was fressen sie?
Feldschnurfüßer leben an Feldrändern, am Waldrand, auf Schuttplätzen und in Gärten unter Steinen. Sie fressen heruntergefallenes Laub, Gras und Moos und stellen daraus Humuserde her. Deshalb sind sie sehr nützlich für die Natur. Wenn sie wachsen, wächst ihre feste Außenhülle nicht mit, sondern platzt auf und muss abgestreift werden. Nach jeder Häutung haben Feldschnurfüßer mehr Körperringe und damit auch mehr Beinpaare.

Welche Superkräfte besitzen Feldschnurfüßer?
Feldschnurfüßer besitzen bis zu zweihundert Beine, mit denen sie sich kraftvoll wie eine Planierraupe durch den Laubboden arbeiten können. Außerdem haben Feldschnurfüßer an den Seiten Wehrdrüsen, aus denen sie eine stinkende, giftige Flüssigkeit spritzen, die sie vor Feinden schützt.